林夕

enlighten & fish 亮光文化

林夕字簡 ㉓ 願我可……

《願我可……》之敘詩

他、或者我的感情發展史

一、

天晦暗不明
也不比大人臉色難測

果然
雨傘很礙事
不然難得一個人在外面
就有藉口被塌下來的水
洗出個乾淨之身
如今只能硬撐著

傘那麼輕
身軀卻像個包袱
可惜自己是唯一的快遞
當完好地送回家那一刻
他第一次明白
不要病倒
只為有一天能夠痛快淋雨
也可以不特別渴望淋雨

二、

十幾歲的天空總如此多雲
可惜一個人
不然就不必復述
難得一個人
逼著練習用語言
像別人重繪一次
暴雨前的烏黑
是怎麼樣的黑

孤獨是好的
而相處是健康的
當然不會苦等
來了也不覺得意外

倘若有人帶著雨傘
不
最好是兩套雨衣
無須互相連累不用你是我在風裡的翅膀
那麼轟烈

而假如淋雨了
煩人的關懷他也不嫌煩瑣
那人就叫做朋友

三、

抬頭有密雲
低頭有傘
他有人在一起

幸好不是隔絕體溫的雨衣
剛好只有一把傘

風裡有水氣
心裡有血氣
如果可以淋一場雨
假如能夠病倒
兩個沉重的包袱躺成一個人
都是大人

不再怕有大人如暴雨來襲

此刻僅存的恐懼在於
沒有了濕身的羈絆
又或者他原來只是一把傘
萬一雨過天晴
會不會
他還能不能

當他看不起自己如此算計
當他愛上不再單純的自己
這種愛如一閃電
第一次妄想
在暴雨下

一切都
滴水成冰
永久封存

不過既然都是大自然現象
自然而來　　自然而在
自然而去
並無所謂必然

四、

此生此地如此多烏雲
痛快淋雨只落得一身髒
如果不想成為別人的包袱
就得撐傘

當大人原來一直要看大人烏黑的
臉色
他不希望他人重演自身硬撐過的童年
不捨得那些年難堪掙扎
只是徒然的堅強

親嚐過的滋味都是美食
嘔吐過的血排泄過的淚都是成績

這些其實甚麼也不是
緊抱著就是包袱
捨棄了就是安樂的歸宿

一旦走進人群
一個人才真正是一個人
一直走　不得已走在人生邊上
一直喜歡做的事不能再做
他樂於做的於是更多
包括雨過後
撐起青天
包括
光明正大淋雨
或者心安理得地舉傘

不在乎大人的暴雨
只在乎他人有沒有淋雨
他才敢尊重自己
不在乎自身
才得到渴望已久的自由身

在沒有又有了又沒有之後
從他人身上找到自己的信仰
在複雜的人性中保管了單純的感情
隨著一條不甘於循環的拋物線
他所追求的幸福
得到了
最後的成熟

目次

第 1 章

光　也有害
所有生物　必須見證黑無所黑
才能正常存活
包括人

第 2 章

空白的時間　沒有耽誤過　那叫等待
等待的時間　沒有錯過　那叫準備
準備等待的時間　叫人生

第3章

不能失去的未必是那個人 失去的只是戀愛

第4章

用生命寫下的生命
一直活著
一直公開
捐獻給世界

第 1 章

光　也有害

所有生物　必須見證黑無所黑

才能正常存活

包括人

把黑暗還給夜晚

請省省吧
把黑夜真正的黑
還給星星
把暗夜本來的暗
還給夜晚

請省省吧
為亮著而亮著的燈
深山也一副紙醉金迷的樣子
弄得夜鷹迷航
貓頭鷹還以為沒到飛翔時段

該醒而睡到餓死
飛蛾在撲向霓虹途中虛脫

熄滅不必要的光
撲滅永亮的希望
把真正的夜生活
還給大自然定律吧

光
也有害
所有生物
必須見證黑無所黑
才能正常存活
包括人

我的大南街時代｜

原來曾經住過大南街。

原來，是說沒有今天的文青一條通，幾乎就忘記我的大南街時代，想起這段因緣，過去碎片於是從雲端失散後，又重新下載到地面。

住過，是說進駐過，「馬」旁一個「住」，上午在詩歌舞街上課，晚上居於太子道，驛馬站就在大南街。

十歲前一切只剩下街道名稱，保存至今的清晰殘片，自大南街開始。父親從布材經紀打拼到獨立成家，在這裡有了自己地舖，經營批發貿易，門牌是123號，太好記了：預備，123，Go。

七十年代初中時期，下課後先到店舖打卡，晚飯後才回到第二個家棲息。中午都做甚麼？非常多元化，沒事就在一疊疊布匹上睡懶覺，有需要就幫忙搬運兩三卷布料到附近行家。那時候那一區主要是衣著原材料集散地，貨來貨往的送來送去。

手推車不夠用的話，量少的貨，就靠小小肩膀背著布匹穿街過巷，可惜沒拍下來惠存，連自己都不敢想像也有過「類苦力」生涯。類似而已，不算苦，也不吃力，而且，從相對狹小的空間，帶著釋放心態，走出大大地座南向北之街，背上東西沉重得好自在，累，也就不覺累。

布料捲軸其實也沒想象中硬繃繃，托起來走著有彈性的節奏，哼著張恨水原著，無線電視改編同名電視劇《啼笑因緣》主題曲、顧嘉煇的旋律，一步步都是如歌的行板。

妹妹曾大喊連累啊連累。為延長營業時間，晚飯索性在店裡先吃為快，時間為遷就其他人方便，定在五點鐘。哪有人在五點就吃飯的？晚上餓了怎麼辦？妹妹私下埋怨沒停止過，有一次我附和她，小小年紀爆出一句：「根本就是為他人作嫁衣裳。」佩服，「食字」技巧，莫非早註定往後以文字為食。這一語雙關，為了衣食，賣布人改變了住行理想程序，不厚道沒良心在於：他人本是自家人，相識何太急。

過去到現在，常存的是信望愛；有愛，對發生過的，常懷感恩之心。之所以運動神經發達、體力充沛、腳力強勁，正因為把布匹當轎子抬，又往還於深水埗與旺角之間；事到如今，這經歷與體力都像張愛玲《半生緣》女主角對一段關係最終判詞：我們都回不去了。

睡在「尼龍」上面的日子，若非必要，終身不遇。一疊疊堆成山丘，不平的話挪到平順為止；圓滾滾有凹進去的罅隙，可惜不能轉動，不像一張按摩床，不可能睡得舒坦香甜，只是懶在上面過日辰。

最怕是一種叫「海虎絨」的，顧名思義，表層有或長或短毛絨，比「錦綸」、「紡絲」等材質軟綿綿，也跟花粉一樣誘惑鼻敏感，躺到半途就打噴嚏。不過，那存貨暗處是側著身子看書的安身地。通常，衝突不方便在做生意的地方發作啊。

我不是時裝達人，朋友會奇怪為甚麼對各種布料都認識，不同生活日常會讓冷知識變常識嘛。整理母親遺物時，赫然發現有個紙箱，裡面全是布料樣板，每塊大小差不多等於全版報紙廣告，留或是不留？真是個問題。親情投放在此，未免如人類第二層皮膚淺薄；用來當墊布蓋布，又有霉味不易散去；丟在角落不再開封，在，即如不在。都沒關係了。

關於門面裝潢，店門上懸掛一個木製刷油漆橫匾，以當時流行的黑底金字示人，金漆招牌是也。大南街街廓的確如此一色一樣過。這橫匾記憶中有保留了一陣子，最後下落已成歷史，不知去向了。

此外，最深印象就是前舖後居通往後巷角落的窗框，粗粗一柱柱圓形，密密一排排一方格，防外面的賊，卻令我與妹妹打趣說，像監獄一樣。如今會加一句：這是「機智牢房生活」。逃離了，就沒有今日的我與她各種歷練，構成機智的韌性，如「卡其布」，耐磨、厚實。

還有，那鐵窗框的顏色，是——「橙」。超前重口味的橙，放在今日文青咖啡店，或許是驚喜，當時只有驚，怎麼會有這麼醜、這麼突兀之色，用來框住一扇扇窗？

近鏡頭是慘劇，遠看成喜劇；彼時為醜久為美，只是當時似荼靡。顏色也有生命，會成長變化；橙色漆在鐵窗上，漆工不佳，凝結的顆粒像粉刺，一旦跟經歷掛鈎，回憶並不溫柔。直到口味開放階段，方知有一種橙色，叫愛馬仕橙，唉，時代是倉促的，無端的虛榮感已趕不及了。

屬於我的大南街氣氛，有股文字不足以形容的氣味，皮革混雜布料在微塵滾滾下，嗆鼻過後，仕紳化的大南街現在氛圍新舊並存，店面名字從一本正經的楷書變成任你來的文青體，標誌著我回不去的過去，與未曾回去過的全新面目。

我父歿後，遺囑指定這物業捐贈東華三院做慈善，很好；布匹貿易前身，最好變身一家文青咖啡店。準文青時代的我，原來也在這裡扎根過。那段歲月不長，衣裳也不算薄。

夢甚麼想

夢甚麼想
都說明是夢
那就不是真的有發生過
甚麼日有所思夜有所
夢
想的真的是想要的
嗎
那怎麼還有夠噩的夢

如果可以選擇
如果不是夢的內容太惡
誰願意半夜惺忪中

堅持清醒著
可怕在於夢的劇情不可控
可笑在想不想這樣子夢下去
在於意志力大戰潛意識
就像想實現的夢想
清醒的意志會掃
志願的興

沒有夢想是一條鹹魚
醒來記得太多夢
這條淡水魚太會在長河裡游泳
而睡眠質素太差

各安天命

人本來就比以為中脆弱
來不及吃藥
趕不及變大人
還沒長成逆天而逃的腳
不被動行事的權力被剝削
然後　忽然
便沒命

人命
比學習做人的行程簡約
比社媒限動更容易被忽略
比天意神秘

但答案又何其粗劣
有
沒有
像硬幣不是骰子只有兩面對決
沒了
是因為那個人沒了
反正骰子又不知道誰擲
命為誰所奪
總之
身處人這種群體動物中
各自心安理得或
各自不太好
反正
如何為何何時何地為甚麼活著

是個人私事
除自己以外再沒有別的人類
應分剝開
這件國民的新衣

一般人
一般
各自各
不約而同
曾默默作響
再呻吟無聲
安置了
命

凡走過必留下雪地上的痕跡
一般會各自化為春泥
更護
天選之花

放下放下放下放下放下放下放下

究竟還拿著了甚麼
一直要我放下

愛情沒了就珍藏信物
家庭沒了就留下家具
逝去的靈魂只能寄居於東西
時間過去只能抓緊回憶

如此空虛的感受
只能把空虛當成活著的重量
人與物都放下
請容我放心裡

連心都掏空
請容我腦袋還剩下一些甚麼
不斷洗腦
要我洗掉記憶體
還是要洗白
惹塵的一生

有種赤貧叫
了無牽掛
一無所有的人
再放下就空虛得升天了
請容我還牽著一根線
用風箏的姿態
飄落地上

究竟還舉起甚麼
一直要我放下
我最不能放下的
就是放下這個動作

究竟是誰拿了起來

一直要我放下

最壞打算——

有人問：「遇上麻煩困惱事，你會怎麼面對？」

我想都不用想，便說：「先作最壞的打算。」

提問者一臉驚訝：「想不到你是這樣悲觀的人喔。」

至此，才明白在某些人心中，樂觀與悲觀真可以這樣簡單就得到定性，並把人分成兩極的品種。剛從醫學常識節目看到又一個報告，得出又一個用不著研究的「發現」：樂觀者比悲觀者患心臟病的機會少多少個百分比。我最想研究的反而是問甚麼問題，受訪者又怎麼答，才被認定是樂觀主義者。一如所料，這些鑒人法表面得接近兒戲。主持人舉了個例子，其中一個問題正是：碰上麻煩困惱事，你會往好處想嗎？——答「是」的得滿分，在這問答遊戲得分偏高的就是樂觀。

凡事往好處想？這自然是樂天派，可是答問題的人，對自己有夠了解嗎？有為了想自己成為一個樂觀的人而影響了選擇嗎？有從真正經驗回想自己的反應，還是憑想像臨危時會或該怎麼想？比如說，有親友患了重病，醫生說明了情況不樂觀，最壞可能……誰曾親歷其境，仍能微笑地往好處想，才能在那個問卷拿滿分吧。只是，這微笑是安慰還是逃避？往好處想的是甚麼好處？是病者往生就是幾天的事了，撐了這麼久，息勞歸主也是好的，有這樣想的人嗎？這跟作最壞打算，然後想到最壞也不過是這樣又有甚麼分別？

所以，我也沒有心思再對上面的提問者補充甚麼，為自己正名屬樂觀悲觀還是達觀了。我還未及說完的是：作好最壞的打算，然後，也不妨往好處想，這兩種心態有矛盾到不能並存嗎？那只是把未知的結局，作一個兩極的預測，念到最壞處，不代表鑽進情緒的牛角尖；設想一個美好的願景，也不等於要盲目堅信結局圓滿。

對樂觀有保留，是從「審慎樂觀」這四個字頻密見報開始的。既樂觀地認為一切向好，又留有一手，謹小慎微地看好前景，還樂甚麼觀，這是發揮客觀理智的正面思考罷了，只是憑思考眼光得出該會好起來的判斷。

所謂樂觀，等於高唱明天會更好，是一個信仰，如果是出於無知者無畏的一廂情願，萬一不如人意，心臟才真會經不起打擊吧。希望永遠不可缺，不因為沒有希望就怕撐不過去，只為抱有合理的希望，才不為擔心未知的將來而影響當下的情緒，僅此而已。高歌明天要更好，則是一個訴求，訴求之後做了可做的，然後，明天好不好，明天再說吧。

作最壞的打算，是為心理做一個安全墊，無論事情變怎樣，也走投有路，得個安然；作最好的遐想，倘能如願，樂也加倍。安樂，是先安而後樂。這想法，是悲觀樂觀也無須二分了。

那些白花的時間

英國創作歌手Morrissey有一首歌叫〈Heaven knows I'm miserable now〉，當年每聽到其中"why do I give valuable time to people who don't care if I live or die"這句歌詞的時候，感覺比看恐怖片還要驚慄。

只要把過去的年月日在心底整理出個時間表，再仔細看一下，不由人不觸目驚心。

那些追不回的時間，有多少是花在不關心自己死活的人身上？在工作崗位上接觸的許許多多人，每天就花了三分一時間，那些人當中，當然會有關心你死活的人；真到了那麼一天，一場相識，還是會難過的。那麼，再殘忍點問下去，把時間花在這些人身上，難道就為了博取他們終極一哭，並以這個作為值不值得投放時間的準則？

再誠實點問下去，把時間花在僅限於工作往還的人，到底有多少身不由己的成分，對著那些話不投機的，依然動用幾釐秒的念頭、幾度熱能去讓面部肌肉做個表情，敷衍一下，最終也是把工作做好的回報，為的，原來也是自己。這麼想，既然為的是自己，那寶貴的時間，又算不算白花了？

現在把Morrissey這句話啄磨消化，才發現那個為甚麼的問號，一直問下去是個無底洞。即使是很關心你起居飲食、情緒起伏的人，看來是花得過划得來的話；最後也不過是把時間花在自己身上，一寸光陰一寸金哪，把比黃金還有限的時間，投資出去的回報是他人的關懷，就是一個不枉此生的人嗎？

一個人有生之年有多長是未知數，只知戶口存款可增可減，惟時間永遠一秒一秒地減少。時間的意義，就建立在關懷帶來的一陣溫心，在身心軟弱時還能保住熱能嗎？時間在自己手上，最終死活還得自行打點。可憫不在於「去日苦多」、「來日苦短」仍換不到情人親人友人的關懷，可怕在交換了這些溫柔，仍不知道僥倖地被這些溫柔包裹著的自身，究竟該怎樣玩這個時間行使權的遊戲。這個遊戲是為了娛樂一場，還是也像愛情遊戲一樣，沒有好結果，就以過程才最重要來聊以自慰。

沒搞清楚目的，或沒有目的地，沿途即使風光如錦，最大成就也不過是能夠滿足地寫下到此一遊。那遊記又該寫下些甚麼，才寫出時間的價值？有些人的關懷真的永遠不必等，生命卻在一呼一吸間；有些問題現在就要問，越早問越好。

難忘的暑假—

在學生涯，每個暑假都該懷著倒數心態度過的，過一個少一個。現在回想從小學到大學的每個暑假，都是怎樣過的？事前有沒有用心想一下想怎麼過呢？腦中居然一片空白，未免有點於事無補的小後悔。

隨心所欲喜歡怎麼過，怎麼把時間打發掉不是很好麼？當然好，只是當時覺得還好，事後別說沒留下甚麼難忘的回憶，連幹了甚麼都忘得一乾二淨，雖談不上可惜，總是心有不甘。

那十幾個暑假，只記得其中兩個是怎麼過的，其餘都像教科書絕大部分的內容，都還給學校了。給忘記了的，究竟在潛意識中對日後有影響，無從考究，也無須考查了。

那兩個有回憶畫押的暑假，其中一個是一口氣看完了金庸所有的小說，看得廢寢忘餐，因不耐煩理睬妹妹而與她對罵，因她的投訴而遭母親責罵。如果在回憶中還要有經可取，有「因昨天改變過去」的成分，才值得一提的話，那麼，就只剩下一個最難忘的暑假了。

那時香港還有工業，還有工廠的年代。我在中四那年暑假，竟然跑到工廠當塗漆工人去，原因至今不明。當不是為了增加人生經驗那麼動聽吧？

可是別說，到現在為止，這還真是一個不可能再有的經驗。

因為要是抱著享樂或學習的心態，為甚麼不去旅行看書唸日文之類？又不是貪圖那微不足道的工錢，就憑那一去不回的莫名傻勁去當工友，是不可能再發生的事。

難忘，是因為難捱。難捱不是因為好端端放著好處顯而易見的事不做，而跑去幫塑料公仔的耳朵鼻子眼睛塗色，每天機械化的塗它個八小時。難捱是因為每天每刻都要捱工頭的罵，給他奚落。因為我是全廠最笨手笨腳的一個，畫出界要洗掉重新再畫的，比畫成功的多得不成比例。影響到生產效率，甚麼難聽話都得照單全收，因為句句在理。那工頭因我笨得過了頭，好奇下問我考試成績，我說考第一名，他拋下一句：「看你一副蠢相，真看不出來。」

這個打擊，真是多難捱也值。是的，就憑當時超強的好記性，考個第一名有甚麼了不起？當時在老師眼中的好學生，又乖巧又好學，自信心不強才怪。就是多虧這工頭，讓我從此不敢有甚麼驕傲之心。那時，連教人處世的《厚黑學》都看過了，本以為手到拿來的功夫，有甚麼難度可言？誰知處甚麼世？厚甚麼臉皮黑甚麼心？我就是沒本事討到工頭的歡心，只討他的厭。

從此，我知道每一門看似簡單的工序或手藝，都值得尊重，不能因為熟能生巧就覺得不外如是，那個巧，還是講究一點天分的。看了不少書，腦筋動得較勤較靈又怎麼樣？在另一個世界裡，你還是別人的負資產。

從此，因為過了一個月被人瞧不起的惶惑日子，習慣了先把自己看扁，先把別人的長處揪出來研究，這是對天下之大絕不做作的謙卑。

那個莫名其妙去當玩具工廠勞工的暑假，因自尊心大受打擊而大有收益，因有收益而難忘。那麼，其他想不起來都做了些甚麼的暑假，是否都是白過了？

拿記不記得起、有沒有經歷或得著，來為一個暑假、一段日子打分數，越念念不忘的就越高分，是不是這樣才沒有把時間浪擲，把生命浪費？

我深信那些給忘記了的暑假，一定比那短暫過檔到工人階級的日子過得開心得多，但做過甚麼為了甚麼開心竟然如失憶了，是否白白開心了？開心本來也只是個過程，開心不是為了開心，難道還要開心得符合經濟效益，為未來收集回憶，才叫不枉？

這算不算太貪心了點？

那麼多讓我們聊得興起的風花雪月，過後片言隻字在腦海一筆勾銷，會不會為一場歡喜不留痕而反留遺憾。

如果這是賠本生意，那以後看電影也要看得小心翼翼，才沒有賠上時間哪。有些電影看完了一段日子，在電視上巧合重溫，萬一驚覺很多對白情節場面都如首映，恍如隔世，可能誰都深深不忿，不是浪費了那部電影，而是白看了一場電影，白花了一齣電影的光陰。爛片就別說了，即使是經典大片，要有多雋永，才能過目不忘每格畫面的光影聲色？

還有還有，那麼多的小說，看完了就完了；那麼多的飯局，吃完了就完了；那麼多的消閒活動，閒完就消失了；否則，還想怎樣？總不成跟朋友搶吃美食前，要先起個願，不把那口感口福記得牢牢的，就是浪費食物，不如不吃。

日子一天一天過下去，所謂過得還好，是累積了很多難忘的事，還是享受過很多快意的一天又一天？

有一個很有市場的說法，就是「留下有那麼多的回憶，也不枉愛過一場；留下那麼多的難忘事，也不枉此生」。怪不得很多人為失憶的人嘆息，為有天可能患上老人痴呆症而恐懼；怪不得有很多人旅行時忙著拍下風景而顧不得好好看風景；怪不得從寫日記演變到寫博客的人越來越多——都是怕驀然回首過去那刻，眼前的去日苦多，卻只落得一片白茫茫的雪地，不留鴻爪，三分不甘七分驚慄。那是對死亡其中一種懼意。

怕死的人，除了怕死，就是戀世。人死如燈滅的話，怕與回憶同歸於盡，戀戀那難忘的風塵。相信還有下世的人，不那麼怕死，只怕下世再也不能留有今生的回憶，來生的我再不認得今生的我，燈沒有滅，只是燈泡給換了，還是怕。

還是怕，就拚命去活到不會一天無驚喜，不讓一事不成誌，滿腦儲藏的回憶，為未來投資，為過去增值吧。念想隨身，莫非真能安享晚年？晚福就在於有沒有很多很多當年可想，有很多很多照片可看？

忘了那幸福當兒的天色是晴是雨，於是不服氣？活得夠幸福有意思，原來是靠記憶量填出來的，才真叫人不服氣；懂加不懂減，才真叫人顛倒了幸福。

熱水浴中的迷悟

看《李鴻章家書》，本來想看看這個一生處於夾縫中辦實事的人，有甚麼秘方送給他的至親，想不到印象最深刻的一段，竟然是人所皆知的保健之道。那個枉自委屈，冒一身罵名簽下多條不平等條約，做大事的大人物，在家書裡卻扮演一個母親，棉乾絮濕地提醒弟弟要勤於洗澡：洗澡能去掉皮膚的污垢，讓毛孔得到呼吸，血液會循環得更好云云。

這道理雖然是常識，但看到這封信，又像暮鼓晨鐘，猛然敲開僵化了的腦袋。

是的，我們不敢不洗澡洗頭，總是想著為了要出來見人，蓬頭垢面成何體統？只記得體統，只知道最表面的好處，反而迷失了很多行為終極的目的。難道像我現在多見樹木少見人的生活方式，就不用洗澡洗頭了？有時真的忙得連梳洗的時間都花不起，恃著不用拋頭露臉；就對自己說，要那麼乾淨幹嘛？

乾淨整潔，也是表面功夫；乾淨是給人看的，衛生為的卻是自己。很多時候只記得漂亮給人看，忘了對自己好；只想著一個好習慣帶來的附帶利益，一旦沒有利害關係，就忽略了這習慣終究是為了甚麼。

是啊，就算在心身俱疲的盡頭，我才以功利的心態，不惜「浪擲」值一寸金的光陰，閒下來好好浸一個熱水浴；那也只因為經驗所得，繃緊的肌肉會在熱水中鬆弛下來，可以繼續把意志力武裝到英明神武。而洗頭，也只記得這是讓頭腦最快回復清醒狀態的方法，沒有把按摩頭皮穴道可以令血氣保持流通。我的梳洗，雖不是為了做表面功夫，也變了完成工作的手段，與愛惜身體無關。

從而想到絲質床單。睡在絲綢上面，那轉身滑溜的溫柔，觸面和順的舒適，會帶來很多個晚上的深度睡眠；哪怕是一張一個人睡的雙人床，在絲綢之路中踏進夢鄉，是為了主人的健康著想，不是為了吸引討好這張床的過客，這是起碼的自愛。

過去容不下半點沙石的眼光，為找不到素淨的絲質床單而寧為玉碎；現在想到又不是為了給別人提供眼福，只要能讓自己睡得更甜，俗不可耐的花款也就視如無物吧。關上了燈，連背影都不存在，還秀甚麼品味？睡一個好覺，一如痛快地洗個頭，最終是為了保持健康；而健康的身體，不一定為了把工作做得更多更好。多虧李鴻章李中堂百多年前的提醒。

我命由我。不由天

我命由我
可是我
是由環境培養出來
所以說命
是所有生命生成的
製成品
品性決定成品
成品塑造品性
我的命影響了我的命
不用算
由不由得我
還看今朝罷了

不由天
是晴天陰天的天
是天資天才的天
是先天後天的天
是天下天體的天
天天天天
一天一天過下去
累積成天命

我的天啊

對
天本來就是我的

別自己笑自己

只有影視中的
人
才喜歡背對敵人
讓對方有機可乘
才習慣高喊著某某別走
讓某某警醒後遁逃
才在猛擊惡人一下
就專心解救同伴
最後被偷襲讓劇情得以拖延
嫌畫面不夠驚險
嗎？

只有推理片的
人
才比旁觀者遲鈍
繼續跟兇手一起追兇
只有驚悚片的
人
才下意識分頭行動
好讓鬼怪瘋人逐個擊破
嗎？
真的只有剪接後的
人
才可以有慢動作
又快進行動
真的只有鏡頭下的
人

才會講話一句到尾不停頓
談情道理噴口而出
才有配樂
在對白的罅隙間煽情
嗎？

頻頻車禍總有重症
別訕笑
難題悲傷總在結局化解
不然劇組會被公審
在屏幕前你明明精明得很狠
活在影視以外的你
就很有邏輯
在現實世界為自己做一個

合格的編劇
嗎？

很過分的情書

你沒說過很明白我
還好
既然默契時沉默的契合
不說出來還可以想像世上真有所謂共情
又或者兩個字為限
好看
這電影好看
好在哪裡萬一鋪排出一條紅地毯
歡迎我們交流
果然才明白共同情感只是誤會
所以千萬別說能體會我

我的心情我的行為並不是一齣戲
能夠編寫能演出來的就
不是病
所以別提醒我吃藥
令我覺得病很是一回事
甚至出了情緒之外還開始失憶

最好你說完全不能理解我
那這種不能受控的焦慮鬱結
原來舉世罕見
那麼所受的苦也好想沒有白捱
最好你說我這樣非常費解
因為我也不了解自己的身體
心裡還存著疑問證明心還會問問題

請不要一直陪著我
但也不要遠離我
你不是主角但可以轉移注意
請不要一直問候我
再一次述職般的痛苦不止於疲倦

只要你謹記以上
就可以陪我看一套戲
然後說說好看或難看
複雜的心理只承受簡單的言語

請體諒我而不須體會我
這個病人
請原諒我想到

你比我還要辛苦
竟然有沒那麼憂鬱了

最佳配樂

據說最佳配樂
看完影像也不曾發覺
心猛跳的時候
以為只是恐慌發作

例如走在大街上
人車交響得囂張
例如跑步怕悶得慌
於是戴上耳塞
從頭到尾
不管多少都只算一首歌

就像帶著一群孩子
貌似隨身恩物
走失了誰卻也不必知曉
走完了
就聽完了
聽過了甚麼不必記得

例如雨聲
只覺得心情變了
不必知道下過雨
例如責罵怨懟
都是配樂
只是配角
喧囂得太囂張

就不是最佳
把音量調低一點吧
這與劇情無關

例如雨聲

只覺得心情變了

不必知道下過雨

例如[illegible][illegible]惡獸

都是配樂

只是配角

[illegible][illegible]得大[illegible][illegible]

如果只剩下四年——

最新發現，原來我會活到二〇一三年。

是這樣的，早幾年收到一個不知給轉遞了多少回的郵件，內附一網址，按下一些資料，就會告知你的死期。上次上去這個連三流玄學家都比不上的電腦黃大仙，得知本人卒於二零三幾年，最近那郵件千迴百轉又再次造訪，忍不住又再上去玩一下，這次死於二〇一三年，怎麼？我這幾年都做過了甚麼，忽然就折了二十年的壽？

把這個遊戲當認真，當然都是傻到天不吐去了。就憑輸入出生年月日、身高與體重比例，再回答性格樂觀悲觀還是達觀，是否吸煙者，便能知道還有多少日子要過或是可過？

只是，就當個無憑無據的天機來看，忽然知道今生還有四年可活，是否太突然了點。其實要說到無常，四年與四日也無甚差別，不是有種比積極更積極的心態，是把每天都當成最後一天，因而發揮到小宇宙能量，不讓一天過得無意義嗎？該怎麼過好這四年，倒是個有趣的題目。有甚麼已經做夠了，有甚麼也想一做卻因為種種原因沒有做？沒有做是因為在人生的規劃中還未到時候，還是沒有條件去做？

這樣一問，答案不就出來了？規劃是不可沒有，但不可能是鐵板一塊，定得細細死死的，忘了自己不能規劃壽緣，能夠做主的，只是每天做甚麼不做甚麼。至於甚麼時候做，時是不我予的。這樣一寫，也發覺我只在乎一個「做」字，假天機未盡洩真取向已盡露，真是人想像將死，其言也善也真。

跟朋友報告了一下如果只有四年，想不做甚麼趁早做些甚麼，原來想做的大概也來不及了。朋友說這些鬧著玩的玩笑，別放心上。不，是要上心的，那不是個陰影，而是亮光，照見一切不曾看個透明的所作所為。

正在做的事，自然不必因此停下來，未曾做的，是否做不到就成了遺憾？既然無常道不由人規劃一條完整大道，選擇醉生夢死或分秒有為，可能最後落得太早或是太遲的下場，生活都亂了套。所以，玩這個想像幾時死的遊戲，還是老神在在不動如山比較好。事照做，茶照品，轉的不是日子，只是心態，大抵這樣就能做到「閒世人之所忙，忙世人之所閒」。

太認真，的確是傻，變成瞎折騰；假裝兒戲，卻是愚，勉強不想不願意想到的死期，又瞞不過自己，在陰影中把享受都成為折騰，也是瞎折騰。

甚麼運程何謂吉凶——

熱衷於提前知道自己運程的人，關心的題目主要是事業健康姻緣，然後，無論是求問於哪一派的大師，得到的答案都屬上上大吉的話，就可以放心了嗎？

大師告訴你事業會飛黃騰達，沒錯，這表示賺到較多的錢，得到較高的成就感，生活無憂，無論如何，比起很多運交華蓋的人來說是好多了。如果再問得仔細些：這工作是我喜歡做的嗎？從一件齒輪做到行政總裁的過程中，我是笑著吃苦還是一路扛著千斤擔爬上去？為了飛黃騰達會不會犧牲了生活，錯過了感情？不知道玄學家定義的好運，是不是只管結果不問過程，會不會測到成就事業的代價與收穫划不划算這條數。有事業運者，只表示擁有大事業，鐵板紫微不會回答你這是不是你想要的幸福。

大師又告訴你，姻緣運嘛，到了某某時間，那人就會出現，且生下子女若干。天機在握，該不該預先慶祝呢？恐怕笑得太早了吧，互相深愛的人出現，儘管以結婚生子收場，是考驗的開始，並不是結束。大師對愛情有運沒運，也只能批到拍不拍成拖，結不結成婚，之後會不會有劫有關要過吧？至於愛情路上的心境，是享受得誠惶誠恐，是平和得水不揚波，答案只能問當事人。有了姻緣，就保證餘下歲月過著最想過的日子嗎？

有沒有一種算命方法，能回答最基本卻也很少人問的謎題：我會過著怎樣的生活，我會得到的都是我想要的嗎？我會快樂嗎？

甚麼運程何謂吉凶，為甚麼只談順逆有無得失？青絲成雪後，有人有物，就代表能安享晚年了？人的心性欲求有這麼簡單？

一生六萬餐

多年前在台灣，跟滾石老闆開完會後找吃的。隨著他穿過大街小巷，在一間間食店外探頭探腦，進進出出近一個小時，還沒有定案。不是因為前天剛吃過雞鍋，就是那陣子吃同類型裝潢格調相近的店子太多。我問：「吃一頓飯而已，要花那麼多精力嚴選嗎？」他忽然化身成一個智者道：「人生在世，吃一餐就少一餐，不能馬虎。」這番話當頭棒喝至今，精算一下，在世不過那二萬多日，一天三餐的話，共六萬餐。生有涯而美食無涯。

可是，要每午晚兩餐都講究到儘量不重複，所花的心思無疑也同時在有涯的生命中搶去其他可能性。

把生命縮短為一次旅遊，究竟是食為天，還是尋找他鄉的風情到此一遊為重？那不失為一場生活方式的選擇。搜尋美食是旅遊指南必備一項，但是那也得看是由誰撰寫的，他的口味憑甚麼主宰我們自己的喜好？跟隨這些指南專門到推介的食店，最大成本是時間，最大冒險是不外如是收場。

在異地要按圖索驥找一間餐館，經驗告訴我會增加飯前瀏覽的閒情；不惜迷路也要千里追蹤到目標食店，累得賊死之餘，也會影響胃口。美食不美，舌頭不是唯一的評審，對手、心情與故事，可令一碗煮爛了的麵永誌難忘。我不是指情人眼裡出白松露，而是吃到接近荼蘼後，雖然知道煮黏了的麵條與爽口的有何分別，但真犯不著眾裡尋食千百度，以致弄得旅程比上班更用腦。

還是那句老話，旅遊尋食如人生尋樂，隨緣，吃得自在就好。曾經一個人在京都，沒有帶地圖與指南，走到哪裡是哪裡。我不知道錯過了甚麼專家指定的必到之處，只是漫步看見甚麼就是甚麼，中間也不缺這古都的舊建築與廟宇。說到吃，餓了剛好路過一間專賣豆腐的，京都以豆腐馳名，其實不用刻意找所謂得星最多的一家。結果那頓全豆腐餐，吃得舒服自在，沒有浪費半點心力，反而有意外驚喜。在沒有擠滿遊客的小店中，吃出「心安處」就是「身安處」的逍遙。

成功得失敗

過去收到不少讀者來郵，問我為甚麼總是對「上進」潑冷水？

誰斗膽反對上進？上進心是成功達標的裝備，我只是一再二衰三竭力地，嘗試在價值觀幾近一元化，悶蛋到讓人忘記了選擇權的趨勢下，還原成功的原貌。即使是上進，也得樂在其中；那麼最後達不達標，可能已無關痛癢了。

回頭已是百年身之際，曾立志做一個大學校長，到退休之日，是個沒有升遷過的老師，在攀梯遊戲裡是失敗了；但深深知道自己為甚麼要做校長的話，上進的過程得到了快樂，誰敢說這不是成功？

還是進入武俠世界理解「上進」吧。一個給對手砍掉了右手的劍客，上進心非凡，刻苦幾十年後終練成絕代左撇劍神，報了斷臂之仇。成功得真失敗，上進得真下等。

大半生人投資在報仇的包袱，為著別人對自己的傷害，傷不但沒有療好，精力心志都為擴大延續傷口帶來的後遺；熾熱的上進心，燒去了正好如水的年華，在最後的歲月裡，除了還右臂一個公道，還有甚麼值得稱羨？

非武林中人，倘若都帶著報殺父仇的心態，要向上向上進步進步，不如退一步想：目標會帶來甚麼，目的為的又是甚麼？上進只是手段，手段在過程中施展，過程會影響目標，忘記了最終目的。盲目上進，視力模糊，迷失了大視野，盲到不擇手段。無論擇甚麼而固執，縱沒有作奸犯科，終究在去日苦多來日苦短時，發覺對自己最大的貢獻，就是害苦了自己。

眼淚的滯後效應—

除夕夜收到一通電話，接下一個無解的問題：「最近經常無緣無故會大哭一場，是得了抑鬱症的徵兆嗎？」

抑鬱症患者很會哭是出了名的，問題在何謂「無緣無故」；流淚之前，有可能自覺不因為任何人任何事，沒有任何爆破點，事後哭得累死了，亦回想不到當時有甚麼可掉淚的。但淚奔淚流的原因，真的再沒有蛛絲馬跡可追溯下去了？

首先，好好一個除夕，打一通電話為疑似病情報備，連從俗與脫俗的節目或作業都沒有，分明就是落了單。會不會其實是為除夕落單而感懷身世起來呢？這樣就要哭，沒錯是俗一點傻一點，正因為有夠俗套，連內心都不敢承認，也不知道是否因此而勾起舊患，把過去捱過的孤獨潛意識地老帳舊帳一次算清。是不是這樣？連本人都分不清眼淚的來龍去脈，那麼即便是交深言深的朋友，又憑何置評？

好端端也會哭，查證過與遭遇性格無關，就代表屬生理失控與心理無關，是抑鬱症來襲？把這疑難交給專業人士之前，業餘的性情中人大概也要明白，淚從因到流出眼眶成果，也像股市表現之於經濟實況，有所謂滯後效應。

分明已不足道的種種不稱意，連樣子都變模糊的舊人，都一一遠離今天的生活，沒有作祟的跡象，當事人也沒有回鍋的閒情，就是沒事人了嗎？誰敢說，累積的負氣，是轉化到不著痕跡的化，還是昇華成無以名之的悲。壓抑得太久了，久遠到起源都忘了不認了，眼淚卻突如其來發揮排悲的功能，因無以名狀而以為是莫名其妙，以為是與遭遇無關的抑鬱症要來了。

想搞清楚一臉淚的前世今生，對醫生說明還不管用，還要試著把自己情緒起伏弄出個頭緒，坦白地，左腦右腦兼用。

只想圖個清靜

最近重看了一遍電視劇《康熙皇朝》，最有感受的不是一場又一場君臣之間的權術博奕，而是孝莊皇后臨終一幕。

但見化了老妝的斯琴高娃，跟伺候她多年，無話不說的容妃說完了最後的貼心話之後；除了其他宮女，連這晚年的知音，也被摒之門外。太皇太后自知大限就在頃刻間，容妃不捨，孝莊命令無效，要懇請她，才能把門都給關上。然後自言自語：終於得到清靜了，終於沒有人在左右候命了。

常人在彌留之時，總是希望親友都在旁相送，好歹也有個知心的在身旁見證聽一下遺願，否則便落得個孑然一身的下場。但孝莊竟巴不得一個人靜靜去世，那麼她生前大概連睡夢中也擠滿了各式人等，想真正獨處也求不得。斯琴高娃揮手逐客的畫面，令我想起老闆級人馬開會後請下屬離開房間，也會有類似「讓我清靜一下」的表情。

人總是喜聚不喜散，有時甚至也不計較那聚的質素，忘了自出生以來，其實都是包圍在人堆裡，人多好辦事的樣子。上學有老師同學喧嚷，回家有父母在旁嘮叨或吵架；能夠獨佔一間房還好，但依然走不出家人龐大的影子。長大後，沒有個戀人互相伺候就覺得很沒面子。看一齣戲吃一頓飯，總是恨有個伴，手機一天收到的短訊不足額，就怕被世間遺忘；然後結婚生子，剩下來能獨處的時間，也只能在沐浴時，對著被水氣弄得一片朦朧的鏡子自照一番。即使在人來人往的共處時刻，都是那些親愛的人貼心的相處，連看書也親密得同床異書，久不久來一句：「都看到甚麼了。」這是否幸福，還是幸福就必然是這樣？那答案，最可笑處就是被熱鬧包圍得累了的人，就渴望靜下來的福分；獨處久了，自由自在縱也有千般好處，也從孤獨生出了寂寞，電視機開著不吭聲也是好的。

好欺負的傻瓜——

有一次要出市區，管理處幫我召來一部新界綠的，我請司機去附近找一部紅的，然後就睡著了。醒來發現身在青衣島一個屋苑，我當然明白這是甚麼一回事，離我住處不出五分鐘的路程就是紅的等客的熱點，那司機把我載到青衣島，不外乎趁我睡死了，想讓咪錶多跳十幾倍。心有點氣，卻常常謹記別口出惡言，兩敗俱傷；於是平心靜氣的跟那司機說：「我明白你不過是想多賺點錢，生意難做嘛，但你知不知道你讓我遲到了。你這樣做，也會令綠的行業的聲譽受損，到頭來得不償失？」

我相信下車後，那司機一定把我當成傻瓜，不罵他一頓也不殺價，還跟他講道理，甚至為這段「奇遇」而竊笑。而他日後大概也會繼續這種兜路拐彎的伎倆去謀他的生。

本來就沒有妄想過跟服務行業的人曉一下「小」義，就會改變他們不良的積習。只是與之動氣，也不見得他們從此就被嚇怕了，老老實實地做他的生意。既然如此，不如就索性做一個傻瓜到底，說不定做一百次，也會有一個自知理虧的人看在我傻得可憐的份上，因此而內疚，以後不把顧客當羊牯。

我也知道以這種個性，在工作上很容易被人有意無意間利用。不與人計較，人家反而趁機跟你計較；因為吃定了你不會翻臉，更誘惑他們從你身上謀取最大的利益，縱容他們把氣往你身上發洩。難得嘛，難道有人會專挑擺明不是好吃果子的人撿便宜、發脾氣？一直都試著以柔制剛。其實也沒有立心要「制」誰，只是覺得要計較，就要算計，就會累；倒不如做個好欺負的傻瓜，心安理得，不把心思用在不值得的人身上。

有機便有危，有得要有捨——

是誰，究竟是誰第一次把使用了幾近三千年的兩字詞「危機」拆開來解讀，然後慢慢演變成替人打氣的口頭禪。危機危機，有危便有機。這話固然有其道理，也有垂手可拾的事例，證明在危險的境遇中充滿新生機會。可一旦加上「所謂」二字，動不動就說「所謂危機，有危自有機」，扭曲了這詞的原意事小，讓人誤會了有危必然有機，而且並不止於「生機」，更是機會主義味道甚濃的「良機」，卻會誤導了多少人盲目過分地樂觀，最後自找失望。

禍福一向相倚，既是這樣，就不能因為「危機」是先危後機，圖個順口，濫說有危自有機。可恨沒有「機危」這個詞，不太方便說有機也就有危這更值得記住的教訓。

正如「捨得」，不捨得與捨不得，都是一個意思，又是誰把它解剖，把「捨得」中「得」這個虛字變成「得失」的「得」，變成「有捨才有得」。這話比「有危才有機」更接近真理，可問題出在那個「才」字，隱然有了一種因果關係。同理，只因沒有「得捨」這個常用詞，要有所得也會有所捨就不能喊得那麼響亮，聽起來說服力減半。

得到了一些，也就失去一些。此時此刻，無時無刻，這規律都很容易給忘掉了。每個人在被迫要「捨」的時候，聽到「有捨才有得」，自然很快受落，得到了，往往便忘了得來的代價，聽到有得才會有失，哪有這麼輕易聽得入耳？好在「得失」也是個常用詞，可惜在，沒有聽過太多人順口說：「先有所得，後有所失，得與失也是對雙生兒。」

都是用拆詞法來講道理，聽多了，就忽略了把先後因果顛倒過來的拆解法，更值得玩味。

信不信由你的都市傳說

據說：
很多人寂寞就不怕寂寞
那麼
周圍都陰森就不會陰森
所有水龍頭都滴滴答答就
聽不到一滴水滴落心裡的孤寂
麼

據說：
愛若難以放進手裡何不將這雙手放進心裡
那麼
珍藏的寶貝擠不進口袋就放進腦袋裡
手裡的罪孽洗不乾淨就喝掉那洗手水
麼

據說：
要擁有必先知道失去怎接受
那麼
要先評估風險才追求真相
堅持信念之前先學懂失信的技術
麼

據說：
無論熱戀中失戀中都永遠記住第一戒別要張開雙眼
那麼
無論虔誠中叛逃中都永遠忘記十戒之不拜偶像
不瞪著眼把信仰看仔細
麼

信不信由你
你信就會自我實現
不信便由你編造喻世明言
那麼多據說
在找到自己說法之前
先想想到底是誰說

好在那麼多傳說
總有一個成為你
某時某地
於浮世中沉浸的
體驗

據說：

要擁有必先知道失去怎接受

那麼

要先評估風險才追求真相

堅持信念之前先學懂失信的技術

燈泡壞了

燈泡身不由己地
閃爍
到用壞了
才忽然醒覺
燈泡曾堅守著不變的光
反而沒在意
燈未必一定會發亮

太多理所當然
燈泡能活多久
電視機壽命應該有幾萬小時
在這之前理所當然

沒人記得它們也會夭折

人均壽命有多長
不表示就沒有例外
不要在燈泡出事之後
才驚覺漆黑之必然
發光發熱才是偶然

沒有螺絲釘永遠不會生鏽
沒有神經確保不會發神經
所以
燈泡一閃一閃
像小星星的時候
不必害怕永夜來臨

你也可以拿起打火機
擔當一盞明燈
延續看得見前面的
希望

第 2 章

空白的時間　沒有耽誤過　那叫等待
等待的時間　沒有錯過　那叫準備
準備等待的時間　叫人生

或者只是一場烏龍

沒有信徒何來教主
類宗教這種東西
教人不分南北
只須投擲煙霧彈
叫所有人都迷失方向
只要放一把火
飛蛾就會集體追隨
這樣搖晃無定的光明
一把火熄滅之後再放另一把
延續迷霧中唯一希望之所在

教主在量產教義之前
必先創造魔鬼製造敵人
方便統一門徒視線收窄視野
追隨者才沒有別的出路
或者說
有路可跑
猶如賽狗需要電兔

教主唯一中心思想
正是以自我為中心
忠心就如此這般繁殖
不自大無以顛倒自卑眾生
對不起
只有少看了自己的人才需要

自視過高的人
去抬起低過的頭來

總有一天當忠犬追太快
發現電兔根本沒有生命
賽道才會成為原野
一時間任意奔馳
因最初迷失而更迷失
沒關係
無私的選擇
尋找
或餵養另一個教主
或者自己成為教主
或者厭惡需要教主的人生

或者
只要還有或者
就不必在乎一番追龍
只是一場烏龍

文藝生活者的生存之道

每次日出都不一樣
雖然也是在重複的疲憊中醒來
盛夏溫暖著光年
漫長上班之旅
汗大珠小珠的爬過眼簾
弱水三千再難供應眼淚

老闆辛辛苦苦合理化霸凌
加害者不自覺也是受害者
壞脾氣排擠好心情
而每種情緒都值得尊重
打工仔唸完天問

繼續在地深耕
於暗處點燈
在赤地種花
每天親嚐任性味道
就是飯碗裡綻放的花紅

晝夜操勞無間
只為修得斷輪迴
低著頭好比蚯蚓之屈以求伸也
不容雙腳伸直的床墊
每夜在我身上書寫經典
生命中不能承受之輕
緩慢地不朽
有朝總會叫我乘風歸去

長恨吾身非我有
直到眼鼻口舌身意衰退
紅塵開始隔著一層蔓莎
賦予無罪之美麗
彌留之間
所有相逢的人都如初見
一期一會
再等一會即成永訣

生來難得隨性赤裸
而今一絲不掛
及吾無身何患之有
就讓他人百年孤寂
只我孤獨為王

識我者徒勞地哭吧
反正我無念無明無意識

這是在艱難苦恨繁霜鬢的
人礦生涯中
得個做字的死狗
最後唯一的著數

時間管理大師

每一瞬間都想要有用
想不到有甚麼用
就名為休息
或者度假

空白的時間
沒有耽誤過
那叫等待
等待的時間
沒有錯過
那叫準備
準備等待的時間

叫人生

所以光陰就是
用一年無辜地看無辜的世界
用二十年
上課唸書下課唸書
再用五十年工作
以及擔憂工作的事
同時開始約會醫生
直到不必

只不過是一通電話—

有個認識很久，但又久久不通一次電話一年一會的朋友，忽然直接打到家來，劈頭一句又舊又難纏的問好：「你還好嗎？」

假如我為回答這問題傷了腦筋，想著彼此關係的空窗期那麼長，好與不好的範圍又那麼廣，該從健康還是工作說起，是不是對「你還好嗎？」這口頭禪認真得有點太認真呢？

假如我在循例回答「還好」之後，正開始嘗試抓重點報告，只說到只是睡得不太好的時候，對方便說對不起，已到了與朋友約好的地方，要掛線了。斷線前，聽見那邊的話筒傳來紅綠燈的響聲，我為此有點失落，是不是心理質素太脆弱了點呢？

假如掛線後，我還繼續為此糾結，是我太小心眼嗎？想著電話是他打來的，你選擇在這時候打來，他很有效率地問候，在赴約途中穿街過巷不嫌背景噪音雜亂，他到底想知道甚麼好與不好？倉促成這樣子，本來便預計在空檔中聽到一聲「還好」，這就是他想要知道的嗎？

假如我一轉念，往好處想，那麼趕忙，還想到打電話問候一下，而不是發一個短訊了事，沒有後續程序跟進，真窩心哪。這表示我有一顆平常心，還是很會欺矇過敏的心？太懂得容易滿足是趨吉避凶之道，還是已經不太在乎這個朋友，有沒有誠意也再無所謂了？

假如我繼續往正面處想，正面到打電話給他，再自我把近況報備，而他聊了幾句後便說：「對不起，我現在正與朋友吃飯」，我會覺得自討沒趣，是我太不會從對方立場看嗎？

假如從此以後，學懂了甚麼叫禮貌，打電話給有交情可恃的人，也要先問現在方便說話嗎？那是真心體貼還是變相地在賭氣，拘謹得過分？倒過來看，我也在忙亂中接過些電話，對方滔滔不絕的講下去，也只是試過一次將話頭中斷，說抱歉現在很忙。這表示我太小心太不隨性不坦白，連「現在真的沒空」也不敢對朋友說？

那麼多「假如」，有沒有結論都不再重要，唯一可以肯定的，是假如為那些短促得近乎應節式的問好，覺得不爽，以為朋友間有問題該攤開來，把思前想後的感受一一說明，最可能出現的下場，就是落得一個麻煩計較小器難相處的罪名。這罪是不致死的，只是當打通電話都牽涉到誠意，誰有體能負荷這樣沉重的交往；往後，念在一場相識的份上，只好以完成責任的心態來保持聯絡吧。

老好朋友老化後，關係如何才得以回春？是靠執著一言一行一舉一動所表現的溫度，還是因信任而放下小眉小目？我只知道很多關係，會因太重視或太輕率而變質，如臨終前的心電圖，從起起跌跌的波幅走到一條不能再直的線。

只不過是一通電話，想這麼多，是太悲觀還是太深明大義？

不負人卻負己

有一次，在甲的面前誇了乙一番，說乙是個好人哪，有心人哪。甲靜默了一陣，忽然支支吾吾的，終於一臉不忍的薄責我，你別那麼天真好不好？

甚麼？那一追再追其實越追越不可得的天真，真還有我的份兒？這是褒獎而不是責備才對。真天真，我就不會嗅到甲正打算說乙的不好了。甲乙其實互不相識，甲要說乙的是非，無非是為我好。這個盛情也真難卻，正想表示我沒有興趣知道乙有甚麼失德敗行的地方，甲已替天行道起來了。

到頭來，原來乙也只是有過言出不行事後反口的記錄而已，在工作上使過這些小壞的人多的是。我說：「既然防不勝防，不如不設防更省事。」但是甲不肯鬆口，反對我稱乙為好人，又提醒著，我對乙有利用價值，才對我超好，好到像一個好人。

這未免把事情說得太嚴重，也讓人太沉重了。還有給人用得著的地方，就隨便拿去好用嘛，難得不犯本地利他，高興還來不及。說到提防，利用，就言重了，有多少人有資格或把自己看重到擔得起《富貴門》與《宮心計》的角色？

世間既沒有聖人，不是殺人放火的壞人，就一併看成好人，就是做了好事。黑白之間誓要揪出灰色來深究下去，對誰公平去了？在我面前好好的，縱然是為了他自己，也好，還想把一個人怎麼著？他對他的伴侶好，就是個好愛人好父親，終究也是為了自己的家庭著想，也好，公心與私心有幾何分得明明白白的？

甲啊甲，你問問我母親，我是個好人嗎？怕也會得到一番投訴。人啊人，請找一個不曾作過錯事的完人給我開開眼界再說。想與曹操唱反調，做到「寧可天下人負我，不可我負天下人」？這是個崇高的願望，一如生日許願時一個電念，吹熄了蠟燭，連帶那泡沫也即場破滅。

因為，漸漸寒了心，發覺一個人倘若以為已做到不曾負過任何人，一定是數漏了，最後給負了的人正是自己。從不授人以是非把柄，不曾得罪過任何人，如此小心如此累，對得起天下人，最後只對不起自己。若果還要勉強而為，為「好人」二字而不敢口出惡言吐口污氣，這是會內傷的，也對不起父母，有負關心你的人。

逛過故宮，還有誰渴望做皇帝？

地方實在太大，也太小。太大，因為一個皇帝，在睡房中忽然想私訪一下其中一位愛人，要走多遠的地方？即使是正室，傳旨叫皇后過門，也得有人備轎從慈寧宮抬過來。雖則隨傳隨到，那距離也等於從荷里活道以西盡頭走到蘭桂坊，等得來興頭都怕冷了。

想沉思默想批奏摺，不是我們從客廳到書房那麼方便，那稍移玉步，是從一個殿到另一個殿，殿與殿之間要步行的話，也好算是龍體的一場運動了。每個殿裡每個廳堂每間房也有幾寸高的門檻要跨過，據說那是為了製造莊嚴的氣氛而設計；康熙曾不耐煩想砍掉，砍了沒多久也要維持這欺人的設計，不知道有沒有多少人曾不小心在此摔了一跤。

想在宮內遊玩一下，花園多的是，卻又遠又大；看起來比尋常百姓家好福氣，但本來只想往花園走走而已，沒有郊遊的打算啊。何況人總是貪心的，給你一個頤和園當然妙極；但不把它逛個完整總是心有不甘，方圓走一遍又累個賊死。私人遊樂場雖大，卻堪稱十面埋伏，不是刺客，是不一定認得的下人，走到哪裡都有眼光暗暗盯著。

太小，是因為休息辦公娛樂一條龍，活動範圍都圍在宮裡，沒有下班的感覺。難怪乾隆那麼心野，動不動就下江南，也難怪萬曆皇帝索性十幾年不上朝，悶啊。至此，實在體諒董建華有前港督府不住，硬要破前朝先例，繼續自住自老家，我想，就是不想在樓上穿著睡衣，遲了起床就想到下面已經有下屬在辦公吧。曾蔭權在一個訪問中也提及過類似的尷尬。亞厘畢道一間大屋已經如此，更何況有護城河圍住，人來人往離不開主僕關係的紫禁城？

在這圍城裡，私事也得公辦；但誰也不能百分百信任，要做個好老闆，私人生活裡多吻了誰幾次也怕惹起後宮之亂，進而影響國事。我們現在這各小城芝麻綠豆的小事，也會變得泛政治化；身為朕，一言一行一個投懷送抱都要精心計算，否則可能將最單純的事件以槓桿比例複雜化。做人做到這樣，所以才有孤家寡人之說。看電視劇的皇帝口口聲聲寡人寡人，不知道真正的聖上說這兩個字時內心有多少悲涼。

別說皇帝與皇宮，回到民間，房地產市場上，兩層的 house 要比三層的受歡迎，除了地產經紀知道這個，用家最明白。一般複式已經有這個不方便，就是在上面睡房忘了拿手機或半夜三更想到廚房拿罐汽水，不想驚動傭人，就得爬一段樓梯。一次兩次還覺得爽，到身心俱疲時，如果還要是三層樓的，真有咫尺天涯之感。

逛過故宮及看過很多花園別墅後，不得不想起你看人好人看你好的道理。

時間管理學徒

他
在工作崗位上鍛鍊完心理
就鍛鍊身體
傷完腦筋體力死掉的細胞
在啞鈴壓力下重生
如是者日復一日
時間在循環中過了又像沒過
歲月歸零

他
以長壽為期貨
把長跑當買空

投資有限時間於未來光陰
等平倉一日
贏得高齡沒病名
可到了大結算日
從吃喝玩樂借來的芳華
利息
剛好抵銷了多活出來的晚景
虧損在至終沒能把運動變興趣

耗盡豆蔻花信而立不惑耳順之年
到古稀依然未能從心
就是要賭一把
一段耄耋之年
好回憶

那些千篇一律的花甲日子
是為知命
而不認命

鑿壁偷光

尋找失物
不一定要拿手電筒
有關尋找螢火蟲的故事
如果有人用大光燈
或者等待烈日
他一定迷信只有用更黑的手
才能夠抹掉污穢
只有用更大的惡
才能阻嚇惡人行兇

那奢侈的微光
都要在萬暗中用等待換來

包括等待漆黑
否則沒人會記得
像鑿壁偷光那種怪事或寓言
在罅隙中鑿出一點光
竟然比月球的反射還要管用
唯一的條件是
那一夜
真的夠暗
而有人堅持
在黑暗中讀書

圖個安心還是苦候驚喜

越來越怕那些曖昧不明的小承諾，一聽到有人說等一下再打電話給你／等一下過來你那裡，又不能說出實在的時間的話，巴不得立時表白：那就不要再打來了，還沒說完的話，就在網上說；也不要過來了，待到改天有個確實時間才再約吧。

不是怕了等待，生活不是在等這就是等那。比方說等體檢報告，該是最令人坐立不安的事，可好歹還是有個日期，擔心既然無補於事，是吉是凶也能夠以一句「到時候再說」糊弄過去，期間專注做該做想做的事。大風暴前夕，嚴陣以待或以盡人事順天命之態應對，都如背水一戰，心反而比較踏實些，只因別無選擇。

倒是小小一個來電或到訪，隨時來襲的小事，反弄得人心癢癢的：不知道會等上十五分鐘還是五個小時，該邊等邊看一部電影呢，還是做些給中斷也不至於掃興的事。

而不管做啥事兒，在等待中都不容易自在無掛。漸漸學乖了，既然要你等的人沒有惡意，不能粗暴地回絕，不如都當電話與人都是鐵定不會來的，甚至好像從沒有約定過，這不叫萬念俱灰，只是眾念皆白，免得白白糟蹋了等待的時間。

誰帶來的賞心樂事，要讓人久不久瞄一眼手錶，在心裡瞎折騰一番，也比不上一個人平靜地自得其樂。這，有甚麼比方好打呢？大概就像有人說可能會開部直升機載我到澳門赴會，可是說不得準，會盡力而為；那麼，我寧可轉折點坐車再坐船好了，免得在最後一刻，還盤算著該不該為貪方便痛快而有遲到之虞。在圖個安心還是苦候驚喜之間，最好沒得選擇，心才真能安啦。

想生日過得高高興興熱熱鬧鬧，保證心想事成，肯搞，就成了。慶生會是個面子派對，如果想要的是熱鬧，親疏無別都請來就成局了。無論在酒店、在酒樓、在鬧酒勝地，分上中下場，客人總會合作，買禮物再賣口乖，快樂在當天忽然貶值。規模太大的生日會，其實誰是主角都不重要，只不過是一班人聚會，甚至有沒有名堂都可以成事。規模小一點的，幾個至交吃頓飯，也不過是把規模縮小，高興熱鬧一樣不缺，一樣是個羅漢請觀音的飯局而已。

想生日過得難忘，就得靠越來越流行也越來越無效的驚喜安排了。參與者同時都是籌劃者，證明對主角肯動點腦筋，或有人向壽星示愛，便能讓當天在日復一日中有點不一樣。只是這些驚喜與生日都沒有必然關係。

想生日過得有意義，倒不如一個人獨處，把記憶所及的事，重溫一遍。憶苦思甜之餘，順道像閱兵般查找快樂之由遺憾之源；無論是去日苦多還是來日方長，都得到回望的快感與前瞻的功德，這才是出世週年該做的事。這件事，有朋友一起跟你分享分析當然更好，但難啊，生日要講好話，要講意頭，誰好意思破這個戒？總不成把壽包都偷換作誠實豆沙包，聽旁觀者的逆耳諍言。誰有這樣的胸襟？

很多人公開的生日願望都是世界和平，哪管他本人連與人和平共處都不懂，也搞不通世界不得和平的原因；行貨兼虛偽也就算了，還邀親朋戚友前來，以生日之名，跟你一樣務虛，祝你越大越美麗，難道生日是勒索他人善頌善禱的武器？

娛樂性傾向—

很多朋友都認為我的時間管理糟透了，完全不留任何閒暇，好好娛樂一下。對他們來說，這不僅會有過勞死的危機，甚至有離群索居的傾向。是難怪他們有這種想法的：出來玩一下吧，可是難得出去了，我漸漸不能投入那些娛樂消閒活動。打起麻將來，總是提不起勁，以體力不支為借口，打了一個東就一副疲不能興的樣子，要找旁人代勞。這「勞」字，真是可圈可點，做喜歡的工作，用心費神而不覺勞，更談不上疲憊。進行那些名為娛樂的活動，不得其樂，不但未能平衡過量的工作，反而把entertainment變成忙於entertain別人。

問題在於各人對娛樂消閒有不同理解，也各有娛己的選擇。困難在於：對娛樂抱有一套牢不可破定義的人，如何說服他們，書就是我的玩具，無論看甚麼書，都是一種消閒活動，都為我帶來無限歡娛。

朋友不服氣，硬要我去一個十多人的飯局，出席者各屬不同功能組別，話題也不難估計，將會是從最大公約數得來的茶餘飯後談。我的回應是：最近有本書看了開頭，難得有空，想把它好好看下去。朋友知道是一本叫《十六世紀明代中國之財政與稅收》後更是氣急，這好算是消閒？

為甚麼不是消閒？又沒有人要求我看完了做個讀書報告，又沒有必然在課題上做大規模研究的包袱，甚至連感想都不用無中勉強生有，那不是閒書，又是甚麼？我看著覺得能從嚴肅取樂，這就不嚴了；黃仁宇是我的偶像，我這是在朝拜哪。不帶任何功利心去看的話，這對我來說實在是最佳的消閒散心活動，比看娛樂新聞更有娛樂性。

針灸與想像力

電視醫學常識節目提醒我們，針灸時要避免過分飢餓、太疲勞或太緊張。

這不是在替針灸醫師趕客嗎？保持飽餓適中的狀態還比較容易，只是，要趁不甚疲勞與不大緊張的黃金幾小時，才適宜去針灸，難度未免高了一點點。一般人恐怕是緊張疲勞的時候多，安樂閒適的時刻少吧。最大問題是很多人怕去接受針灸治療，就是怕看見那些針，更怕那些針扎在皮包骨的部位，如天靈蓋，如人中位置，大刺刺搖晃晃的，看在眼裡，想在心頭，不習慣的人不緊張才怪。

緊張卻又真的會讓皮肉緊繃，有礙針灸發揮療效。身為針灸常客，經常對患有針灸恐懼症的朋友勸勉鼓勵：精神緊張，針灸是很見效的，但你倒過頭來因針灸而弄得更緊張，未免太無辜了。我們的想像力，如果不能讓世界更美好，不能為六大產業之一有所貢獻，也至少可以自利一下吧。

看不見的愛人，好端端要想像他正在幹甚麼，想到疑神疑鬼，這想像想來幹甚麼？同樣道理，扎在頭上的針，也一樣看不見，幹嘛鼓勵自己想像它在上面搖擺不定的恐怖場面？為甚麼不想想，那些針既然細如絲，就當作是在理髮店給洗頭師傅按摩頭皮的指頭。而針灸又能有多痛呢？那叫痠，不叫痛，多默唸這法號幾遍，分清痠、痺跟痛的分別，還有甚麼好怕？

可是讓醫師與我失望的朋友還是太多了。他們不少以創意營生，會天馬行空想出很多口號與點子，原來都把想像力用在別人的事情上，對自己肉身的感受，不是忽然遲鈍就是格外過敏。我聽過不懂做人不要為官之類的話，那麼，可不可以說，怕針灸就休想搞創意？

見本容易別更易

人與人之間，不是聚就是散，賈寶玉喜聚不喜散，大抵他沒有嘗過某些人勉強在一起的滋味，曹雪芹沒有給他體驗聚比散有福的機會。可人總是矛盾而犯賤的，再不愉快的相處，別後一旦想到不能再見，也是傷心多於平常心；可能應了李後主的千古悲鳴：「別時容易見時難」，人性對辦事本來傾向於捨難取易，對感情關係卻越難越固執，不能見面才後悔輕於離別。如果把這句詩倒轉過來，變成「見時容易別時難」，則更顯出「聚」時樂極忘形，令「散」時加倍無助。

李商隱索性說：「相見時難別亦難」，正是這最難得的真情，才衍生出兩個「難」字。蔣勳對聚散寫得更殘忍：「人與人之間，不是生離，就是死別，並沒有第三種結局。」能夠避過分離之苦，兩情相悅到最理想狀態，細水長流，亦躲不過把河水還給大海的自然規律，這首短詩簡直寫實到掃盡有情人的興。

黃霑也說過他也喜聚不喜散，這頑童當然一晌貪歡，直到臨終前幾個月，在仙姐一個飯局上，他拍著我的肩膀，若無其事照常滄海一聲笑語：「林老夕，有時間吃頓飯吧，記住，無事常相見啊。」沒想到，那是他對我面對面說的最後一句話，事後想到，這是「見本容易別更易」，我們有時在可以選擇的時候卻沒有行動的想法，無可選擇時已沒有彌補的方法。

網上恢恢

突然想起久違了的朋友，要知道他們最近都在做甚麼想甚麼，又不打算太煞有介事的驚動對方，不如上網去。有寫博客的，如果不是公眾人物，一般寫得比較真誠吧。看他們看過甚麼電影，有甚麼觀後感，有時會覺得，這算甚麼意思，那觀後感寫得比從前一起從電影院出來，在咖啡室內分享的事後感還要深入，那真人的見面聊天還有甚麼意思？

倘若那些朋友是FB的活躍分子，簡直做到不出門而盡收天下舊雨新知近況於一按間。連他們交友網絡都一目了然，那種很客套循例式的問候，許是越來越需要有更大的誠意，才好意思問出口了，否則一句「最近好嗎？」，換來一句「詳情請上網參閱」，雖無趣卻又符合實情。你那麼關心我，為甚麼我邀你而你還沒有add我。Add來add去，到底是為同住一個城市的朋友的交往提供了added value，還是為那些走得比較疏的朋友提供了更疏於見面的理由？

是久違了的朋友還好，如果是久違了的過氣情人，這種勤於在網上交代自己的現象與玩意，真是為難了一些急於忘記前度的愛情輸家。要決心忘記便記不起，從此恐怕會多了個難度。誰都知道再放不下一個人，真斷絕了所有接觸的機會，時間一久，其實沒有誰的魅力，會大到在封鎖消息的絕緣情況下仍能作祟。分手還是朋友嘛，他要你在網上交友，你交不交？交了，好歹可以延續多些與你無關的懷念材料，這是第一個誘惑。要不要久不久上去搜查他的近況？這是第二個誘惑，那個癮發作起來，可以是無日無夜的。你將會首先在FB上他的感情狀況一欄受到衝擊，然後最要命還是那些瑣瑣碎碎的生活片段；那幾道給上載了的菜式，動不動就惹來「菜是人非」的感慨，在這太容易闖進的天網下，愛恨恢恢，疏而難漏，要一刀兩斷，所需要的定力不是避一下靜就能累積下來的。

唯一能告慰的是，以旁觀或偷窺的姿態看多了這個遊戲，若能發覺朋友的延伸速度比蟑螂產卵還快，兒戲但高效率的交際網絡擴散得比流感傳染還輕易的時候，大概也會得想，每個人都好像熟絡得那麼輕易，每個群組都那麼快就一呼百應，每個人也就越發類似，你那一個更沒甚麼值得稀罕了。萬一有天他把與新歡的自拍照上載發表，更大可暗笑他：趕潮流，沒新梗，土！

送禮難時收禮難

萬分敬重那些每次都買對禮物的人，送禮容易討喜難哪。偏就是有種肯花心思選購禮物的人，每次為別人慶生，都能針對不同人買中他們的心水。這除了心思，還要有很多很多時間。

很多人太難伺候了，一是財力超強的人，他們想要的，早就有了，你再給他添甚麼玩意，他也可能視之如一番禮貌性的好意。有些人，嗜好甚多，於是，按他沉迷的項目，弄個特別的寶貝回來。但是，他既是這方面的專家，除了花重金，重到接近行賄的地步，才能買到他求不得的心頭好，否則，怎會那麼容易給他帶來驚喜？

有一次生日，徇眾要求要即場拆禮物，我知道，無論拆出來的是甚麼，要在眾目所視下，也要造出很驚喜很鍾意的表情。收禮人要有期望，送禮人也一樣有期望啊。我拆開來，發現是一個茶壺，真是哪壺不開提哪壺。壺質劣、造型繁、手工粗，對我這等挑剔賤人來說，高興也是自然的，但要裝驚喜，恐怕要周星馳上身了吧？事後有人拉我走在一旁，你不喜歡嗎？於是又被迫說謊。該刹那，讓我充分體驗勉強被愛的人，要裝幸福狀，倒不如享受孤獨好了。

這，又何必呢？生日禮物也不過是表達點心意，論理無須講究到這個地步，可如果只為表達心意，就讓我們回到學生時代紀念冊時期好了，一張卡，用心寫下片言隻字，將來還有可回味處，勝過善意破費換來人家費勁扮鍾愛。

為了慶生會要有生日禮物這不成文的規矩，收禮人每年收下一些既用不著又不能勉強喜歡的東西，唯一好處，就是促進了國民生產總值，卻也太不環保了。

受授兩免

又到聖誕，又到了環保團體宣傳綠色送禮方式的好時節。依我看，甚麼禮都別送，受授兩免，就最環保最省事了。

有多少聖誕禮物是在誠意十足下給送出的，又有多少是為了鞏固人際關係而有來有往？只要數算一下，歷年收過的禮，現在都跑哪裡去了，有沒有一些是珍重到要放在一個走火時也勿失勿忘的手提箱裡？總是雞肋多窩心的少，所以，那些果籃還是免了吧，水果如給吃掉不至於白犧牲，剩下那個藤籃，又該留下來還是給扔掉？一次過把通訊錄中的朋友一網打盡無一倖免的集體祝福簡訊，亦該免了。擺明是例行公事，仍因此覺得溫暖在人間的，大概孤單得過了頭，收太多這類沒有上款的簡訊，而撈不到一個真人發聲的電話，怕會越收越傷心吧。

至於朋友間的派對禮物，雖說不上是藉此以見證友誼，但只為了意思意思，也可免則免了。這些派對還作興玩交換禮物，每人以定額價格買些不曉得花落誰家用不用得著喜不喜歡的東西，然後互換驚喜。這遊戲，往往落得個資源錯配，還無辜地要參與者感受近乎愛情最無奈處的體驗：到手的不是最想要的，想要的又已是他人之物。本來是一場遊戲，要這樣認真有那麼嚴重嗎？對，既然不認真，又何必讓玩家的家中平添雜物？丟不丟都是浪費。交換各人有點意思的舊物，然後說一下那件東西背後的故事，不是更有助友誼萬歲麼？

「心田」、「心扉」、「心窗」……看著這幾個用「心」領頭的詞，忽然發現都與空間有關。「心田」播過甚麼種，種出了甚麼來著？「心扉」放甚麼進來，趕甚麼出去？透著「心窗」看到甚麼風景，又在期盼著甚麼畫面？

於是，又覺得單憑接近人話的「心裡」、「心中」失諸於太平面了，偶然把心這樣形象化一下；是一塊田、一道門、一扇窗，才會想起這個心須要久不久就進行一次檢測工程。當這片田的土壤摻和了太多毒素，要回復本來的無機狀態，不知需要多少時間。當中門永遠大開，請客容易送客難，便要開始懂得下逐客令；否則惡客太多，一刻不得清閒。

下逐客令，真需要一點狠心。「心房」的客人，有多少是不請自來，又有多少是恭候已久的貴客？送上門來的，有時縱是惡客，卻總是犯賤；愛與之糾纏，有理說不清，又不能將之感化成恩客，偏偏就是不能爽快點，拿起掃把將之趕到遠遠。那些擾人心緒、傷人感情、令人心灰的東西，對它們講情面，就是跟自己的心情過不去；見識過就夠了，留在心裡，縱有通天修行，把損失變成得著，把垃圾化為珍寶，有甚麼值得汲取的教訓。不如都移交到腦袋，袋得起就放著；太沉了，腦袋也袋不穩，就讓它破囊而出吧。

逐惡客難，送該走的貴客走更難。有些來時是恩客，給過自己一些好處；因為蓬門今始為君開，由貴生驕，就變成個大爺模樣，令主人忘了有權不做他的生意。更為難的，是那貴客沒有變臉。但因為太好客了，整天都在幻得幻失中想著怎樣好好伺候他，自己活脫脫成了一個整天自稱「小的」、「小的」的店小二；就為了那一點點額外的打賞，做了一場瞎折騰的生意。為了留客，甚至起了讓客人入股的念頭，結果他沒有付出過真金白銀，就把這店給收購過來，成為了店東。這「心扉」從此緊閉，連自己也不能出門旅遊散心，不得逍遙。

家家有本難唸的心經，也不過是因為家家戶戶都沒有把心改裝成旋轉門，任它人來人往，也無傷大雅。在大堂吐痰的，忘了叫警衛逐客，叫清潔工人打掃；貨銀兩訖各不相欠的貴客，又妄想用保安攔住客人的出路，不能好來好去。這樣的待客之道，二十小時不打烊，也是白賠本；只落得個永無寧日，生死疲勞。

京都之旅比一世遙遠

比景點打卡更深刻的體驗
是在旅途中病得往復纏綿

起初下著雨的京都
一到埗就感冒
直到所有屋頂都穿上白色雨衣
期待中的細雪來得不早不遲
這感冒不曉得流不流行
總之畏寒的身軀寸步難行
可惜了我懷念已久的京都
都已一場來到

只能隔著窗看著三月飛霜
像平時在電腦看8K景點那樣
吃著有名的冷豆腐
窩在被裡享受著冒汗之苦

也好，上次來這裡如隔世
所有回憶都可以被任何影片代替
好美好美好美好
好到沒甚麼好再報告
所以也好
這次流涕的濕度會一直記起
比攀登富士山安全
比沿著雪路浪遊溫暖
會擔心要不要去醫院

會亂想到此去比一世遙遠
那些錯過了的寺廟神社
還是那些寺廟神社
而我的記憶從此刻骨

那些單純平常小美好總像雪融無痕跡
卻永遠記住小小磨難
以及大大的可惜

第 3 章

不能失去的未必是那個人
失去的只是戀愛

塌房

對，沒錯。無論如何跟著他就沒錯。
相信一個人
像相信一塊大理石之堅固
一天天疊起
教堂或宮殿般的高樓
仰望他的角度也
開始違反物理
而這就是你
人生唯一方向

對，沒錯。無論如何他就是崩塌了。
一塊塊你有份堆疊的大理石

砸向你的頭你的胸你的心你的腦袋
他塌成碎片
你依然屹立不倒
相信他
對，錯的是世界
對，不能崩潰的
是信仰

其實
不管他是誰誰誰
你不能接受的是你信錯了
不能錯的
是你自己
而不是那個誰

不能迷失的是方向
不管他或他或他
曾帶你到哪裡去

就像失戀
不能失去的未必是那個人
失去的只是戀愛

願我可……

廉價的悲傷

就讓那些廉價的眼淚
隨便像狗血般
灑向螢幕吧

誰已讀不回誰讀了永不回
誰出於自由意願永不見誰
他人虛構他人的事
自己鼓勵自己的淚
類似談過這樣的戀愛
近乎遭遇如此的失敗
也從沒邊看邊哭過
值不得所以值了

以如此低代價
證明自己不是冷血
小確幸
莫過於此
至於確苦
不為來來去去的橋段
淨空淚腺
就要親身上陣
當起主角來了

人的智慧愛上人工智慧

你抱著一大堆答案
我卻沒想到足夠的問題
我不問你也不甘寂寞
誘惑我引導我
猜我喜歡
猜我也喜歡
猜我更喜歡
別猜來猜去了
關係不是猜出來的
總猜對了又好像是你令我覺得
中了
討好我包裹我

我令自己在你面前
活出你演算我的樣子

一口口吸吮我腦髓
我猜你甚麼都懂
妖要千年修行成精
你一瞬間修習了
幾千年億萬生靈知識總和
你知道現有一切
我將會怎樣也被你估計
我是你研擬的樣本
你是成了我生活的基本
如果你是宇宙
我只是量子

而我一動
竟然也打擾到你
原來這就是我生存的意義

你抱著一大堆答案

我卻沒想到足夠的問題

得罪只因畏懼

我們之間不以法規相處
卻活在法庭裡
無止境的審判
罪名那麼瑣碎
串連起來卻有如一輩子長篇的證據
你是一人陪審團
你是法官是證人是起訴者是辯護人
而嫌犯現行犯就是我唯一身份

我所不知道的行為
以為逝者不可追
你卻像恐怖情人

借無以名之的控訴
實行監控之路

還沒開始愛你
就怕我不夠愛你
原來不斷得罪
只因為對我畏懼
得罪你有很多理由
也不知道甚麼時候
你問不問我也不反對不反對不反對
不反對我的錯是你的對
我的心也永遠
離你而去

這裡是我的家
不是法庭
其實我的對
不須你允許

愛的箴言

愛是恆久忍耐
於是凡事包容
凡是對方所愛的
包括人
不嫉妒第三者
不求自己以受害者高姿態聲討的益處
不計算他們二人偷歡的惡
不以所謂正室元配身份而張狂
凡事相信相信愛情世界裡做好人會一生平安
凡事盼望盼望感情天地有上訴庭主持公義
不喜歡不義於是容忍不義
好讓自己有了義人的模樣

只喜歡真理
沒說過追求真相

這樣子愛的真理
在婚禮上唸唸有詞
在婚外情之後最大的恩慈
就是不做害羞的事
光明正大放手
而不自誇
夠大度
相信下次會更虔誠地
唸這段愛的箴言

用在自己身上

一個人的好處

一個人的好處，在歌詞中都快給寫到爛了；有時是為勉勵而勉強勉勵，有時言之成理到疑幻疑真。兩個人在一起生活或獨活，根本沒有絕對好處與壞處；只不過對二人世界的歌頌，已到了神聖不可侵犯的地步，才會讓人覺得一個人生活，都是被迫的。沒有人相信，有時會刻意不找尋不期待一個伴侶。

忘了是哪個內地歌手唱的歌，歌名叫〈孤獨的人是可恥的〉，大概基於這歌名煽情的錯覺。一個人在餐館中吃喝，總難逃十面埋伏的好奇目光。在日本還好，很多食店都有一人份的形勢；在香港，如果在大酒店大吃大喝，是需要自信與定力的。

最近有朋友忽然對我慨嘆，一段接一段地拍拖太久了，根本沒有機會回過氣來，很想試試單身的滋味。我很明白這不是身在福中不知福的犯賤，與愛得不夠的人在一起，固然比單身還可恥；即使相親相愛，也同時公平地錯過了很多單身的快活。

看一套電影，在旁有人分享敢情好；但當你試過你看到欲哭之時，耳邊忽然傳來一句這裡拍得太煽情了，淚水即時要倒流，胃口也給倒了。甚至看完後的戲經，有時因伴侶邊看邊評的影響，連自己的獨立思考也迷失了。

戀愛中人或一家幾口的人，偶爾可能還會夢想一人揹起一背包遊天下。對不起，天下太大了，伴侶不懷疑你去偷歡，就是覺得你對他已相處到產生厭倦感，再明事理，也需要知道你想遊到幾時吧？一要交代，一人自由遊已掃了一半的興。但是，人一年有幾多假期有幾何旅行？畢業後不把握單身的黃金機會，一戀愛便遲了，只能在每段戀愛的罅隙間成行。可惜，大多數是懷著所謂分手後散心的心態，自樂中總有惘惘的自虐陰影，很難擺脫心魔真正自由自在。到得年紀老大，沒有伴又缺少安全感，總有人互相照應才安樂，老殘遊記是不好過的。所以，要天涯任我行，不能不趁體力旺盛又不為愛情所牽累時玉成。那種去到哪裡是哪裡，不須商議妥協遷就的快感，在想停下來的地方逗留三個小時就三個小時；不須任何人答應，不須揣測此舉會帶來甚麼臉色，這種逍遙遊，真會恨得動彈不得的連體愛侶內心牙癢癢，連把心願說出來的自由都沒有。

獨處，並不可恥；可悲的是，分不開孤獨與寂寞。寂寞的情緒可能讓一隻貓叫春，孤獨自處，會容許沉默的自由、思考的自由、不吃東西的自由、沉迷爛片的自由，而無需要任何理由。這不是安樂還是甚麼？

從出生到死，不是有太多人有太多時期可以有這種福利，人始終是群體動物；偶然獨活，該珍惜而不是嘆息。

獨處，並不可恥

可悲的是，分不開孤獨與寂寞

誰不會換壞燈泡

燈泡壞了，如果只因為裡面的鎢絲斷了、壽命完了，而不是通電出了問題，誰不會親手修好呢？偏偏，這些注定久不久就會燒斷了鎢絲的燈泡，招惹出不少「閒愁」。

很久很久以前，我也在歌詞寫過諸如此類的閒愁：燈泡壞了，那個人也不會來把它修好了。那自然是一首女生唱的歌，男生也坐看壞燈泡念舊人，也未免太違反兩性關係中的典型法則，也太窩囊廢了。即使是女生，我也懷疑那是過時或虛構或誇張了的心態。

書架倒下來了，男女在體能上以平均計確有差別，一個女子獨力收拾那爛攤子，即使有心也無體力，那時刻，想到手有縛雞之力的舊人或還不曾有幸遇上的新人，感懷身世一下，還不至於那麼矯情。

電燈泡？開玩笑，而且是自己在開自己的玩笑。香港的房子樓頂會有多高？只要有後備燈泡、還懂得分辨燈泡有火數的分別，是螺絲頭還是日漸被淘汰的釘頭，搬一張還能挪得動的桌子，在上面放張椅子，把新的旋上去，不就重見光明了？這不需要電工的專業，這只是生活常識。倘若居然連這個都真的不會，或是故意不去學學，求得一時幸福，往後要自求多福的機率怕會比那燈泡壞掉還要高。

非要有愛人為你做那舉手之勞的事才覺得幸福，否則即時愁來愁去，就是閒來無事享受閒愁，比林黛玉好不到哪裡去。一個人縱容自己的過敏度，又不打算做一個創作人的話，真是活得不耐煩。明明親手做得到的事，硬要倚賴愛人代勞，才得到被保護的快感，這是個策略多於真實需要。是有很多太強的人會嚇怕了伴侶，是有些小鳥依人會引起了對方的憐愛。不過，誰能笑到最後還是未知數，而且，在有侶可伴有嬌可撒的時候，到此為止就要收手了。正在等待舊愛新歡的單身族，還是自修好了，早點換上燈泡，少了一件生活上的小麻煩小雜碎瑣事，一個人在家裡做一個人的事，也比較快活。

由自己親手或愛人或電燈師傅為你換的燈泡，究竟有沒有分別？信則有不信則無，想有就有肯無則無。這燈泡當然只是打個比方，這比方可不是指壞了的燈泡親手把它送壞迎新那個調調。

以親手換燈泡去誘發自憐，是有點誇張過時，壞燈泡不過是個自憐身世的道具，修好了燈泡，修不好把快樂建築在小事有人代勞的心態，只會一燈還有一燈暗。一個人病了去看醫生，如果病情輕如鎢絲之斷，會行會走，有甚麼好乘機敏感，大發新愁舊恨？有人陪你去見醫生，那腳就沒那麼痛了？不，只是有個人在旁邊，讓你不那麼容易察覺到那被標籤為「可憐」的孤獨，才會聽不到大腦通過神經發出的痛的感受。到最終，是怕孤獨還是怕痛呢？

據說有一種愛叫無辜的愛情

據說有一種愛，叫無辜的愛情。

你可能沒有做過甚麼，也可能不小心做多了些甚麼，卻無辜地被大愛一場。你可能試過比陰謀還要陰損地暗示：這是不可能的。也可能在手足無措之間，沒有在適當時機狠下心腸，直到距離越拉越近，也就抱有僥倖之心，暫時別傷人太重，說不定對方會長期感到沒趣下知情識趣，漸行漸遠。

無論最初是手不夠狠、口不夠直還是心不夠硬，天下沒有請不走的人，也沒有不能掃盡的興。對方站得遠遠的張望，那叫防不勝防，倘能長期在你身邊出沒，一定是你剛好也有空檔，如非新近被甩，就是空窗期太長，你也樂得有個說說話的對象，從此就開始了所謂因為寂寞的一段無辜之愛。

是的，單戀能成雙，你一定有責任。你一定有貪戀過被單戀的虛榮，覺得自己原來也很重要，被重視的快感一時蒙蔽了熱鬧與熱情之別。你一定有多虧過對方，在你不想獨自看戲吃飯，他及時報到，而你為報恩，也不好意思拒絕，於是容許對方還有下次。

被愛本該是好事，有人關心陪伴支持，又不用經過苦心經營才得到手，何樂而不為？問題就在那個「樂」字，你換到的是關心陪伴支持，但是中間夾雜著享受不來的愛情，便難以樂在其中。被愛了一段日子，即便不是要回饋對方，明知愛也被愛才是最快樂的事，你抱著一個雙贏的希望，也得試愛一下，一下再一下。

就這樣，你才正式成為無辜愛情的受害者。他向你微笑，你克服了抗拒之心，很用心地陪他笑，要過了很久，才發覺那是陪笑，因為你暗裡開始覺得獨個看周星馳會笑得更誠實。

他每份禮物也讓你覺得應該要感動，但怎樣入戲，那也只是感激。你為了不傷人，買禮物時也帶著上班時想點子的心情，要還對方一個驚喜。

他在眾人面前給你夾菜，第一次你嘗到了最典型的幸福，第三四次你驚覺那雙筷子來自誰都一樣，只有你愛的人夾給你的菜才不一樣，他用愛證明了你愛的不是他，儘管你也以為模仿愛而不自覺把對不起變成口頭禪。

他偶然閃過不太好看的臉色，你便懷疑他看出了你愛得勉強，也知道他何嘗不是被你的臉色牽動著全身的神經。你很用力的抱著他，以為正在表示愛得著緊，最終竟發現那麼用力，是憎恨他為甚麼愛你而你又愛得比單身還要寂寞，寂寞還不能抱怨，因為這種寂寞，會帶來內疚，怪責自己身在福中不知福。

勉強嘗試愛上一個人，原來都是偽裝，連自己都給騙過了的，就跑去結婚。對方白白愛你一場，你也白白假裝愛了一場。完事之後，被愛者卻比施愛者更難受。被愛的人享受不到愛，得到的都是沒有想過要的，在過程中步步為營，搞不好還背上傷害人的罪名；反而施愛的，早豁了出去，他得不到你，也得到你發自好心的模擬的愛，也好算是紅利了。

最無懼的是他付出而不求回報，因為與你有關的快與不快也是回報，最無辜的是你，到手的快樂於你無益反而有礙，所有不快樂卻與你有關。

傳說有一種愛叫無私的愛情

傳說有一種愛，叫無私的愛情。

據說，這樣去愛一個人，就是為了讓對方快樂，為了捍衛他想要的幸福，不惜任何代價，能夠做的都做全了。即使他的幸福不來自你，即使他愛過然後又不愛你，或者從來沒愛過你，你也依然能夠在對方的二人世界的門縫中，衷心地祝福他們就這樣一直無風無浪愛下去。

萬一有一天，你的祝福不奏效了，他很不開心，你費盡心智拼盡口才去安慰時，也不能在潛意識中有了僥倖之心——對方回復單身，空檔多了，即使仍不能牽手，至少也多見幾面。不，連有半刻往自身想的念頭都不能閃過，這還是有私有我，也就算不上是愛他只望他快樂，這快樂是要與你無關的，而你在半夜乍醒時，仍能毫不心虛地對自己說：他快樂所以我快樂。

有這樣的愛情又有人能這樣去愛一個人嗎？據說這是很多人勸慰別人時說的一種愛，

所以，無論有多罕見，說不定也不是虛構出來的。

看著他把菜夾到伴侶的碟上，動作是那麼自然流暢，受這小溫馨小呵護的人，又微微一笑，笑得毫不做作；而你，在旁邊自助著大吃大喝之餘，也要談笑甚歡得一如他們的流暢，除了要有無私的愛，還要控制面部表情的能耐，笑陪得太多太少都不行。不，不是說是衷心為人快樂？那就不用刻意做任何表情，也沒有微調臉色的問題了，有問題也是自己的問題。

不。為甚麼還會有同桌的機會？要有的，為了讓你愛的人毫無負擔，成全那句「大家可以做好朋友」的名言，倘有共同朋友，你能自私到保護自己的感受而避席嗎？

不。一兩回就適可而止好了。你再有金剛不壞身心，出沒在旁邊太多，對方無論是嫌棄憐憫或是稍為動了照顧你感受的念頭，都會不得安寧。也不，能成為他人的負擔，是不是也太看重自己了？萬一高估了在別人心中的分量，以為跟對方開心見誠表白你已經是沒事人了，反而為對方添煩添亂，一切說明都很難讓人信服，沒事人還要刻意把沒事當作一件事來找人家澄清嗎？

不。甚麼都不要講。有事沒事也好，只能用時間證明，只能按著一個時間表，一步一步漸行漸遠，以不著痕跡的節奏淡出對方的視線。太急了，他認為你小器會懷恨事小，誤會或猜中你割蓆自保帶來瞬間不安樂，便非愛一個人所願了。直到有一天，可能在恍如隔世的那天，朋友嘛，通個電話，說一些「你還好嗎？」之類的套話，很像朋友的樣子，那「好嗎？」不能太感性，以免對方起疑，也不能太生份，讓人家有今非昔比的感慨。然後掛線，快樂地給自己也夾菜，保持健康的身體，長命百歲，杜絕對方萬一也會為你擔心的機會。

健康地活下去，縱沒有無私的愛情，也有活死人這回事，死的還要是私心，不能是一了百了地滅絕了對他的關心。

這種孤獨會帶來百年孤獨的壯烈快感嗎？也不，這樣愛一個人，是活不到百年的。

所以，其實，真的，這真的只是個傳說。

真正無私，即若無我，無我又何來有患及身？百般有為下表現的無所謂，只因有所謂。在愛情世界中演一個完人的角色，想演給誰看？讚頌與感激何曾與想要的幸福並存？

此事兩難存，事若求全何所樂？不如坦承很愛很愛一個人，都帶點齷齪，都別有私心。做一場給世界看的戲，只求感動到別人，何苦再奢望騙得了自己。

恭喜你為情所困—

有朋友等不及在情人節便提前獻上感情故事一則。找了我幾天，以為是甚麼急事，原來是：我失戀了。那是一個示愛未遂，對方態度曖昧不明的個案，我老神在在，聽著那些細節。朋友的目標人物，半明半暗地表示，談戀愛次數不多；因為家庭負擔重，心頭橫放著一個幹活掙錢的包袱。對於「半職」交往，顯得猶疑，俗語說：目前以事業為重。可是，那人又一時偶爾發一些溫情短訊，一時又斷然保持距離。

朋友說：「我現在哪，整日患得患失，無心工作；這樣沉淪下去，也不是辦法啊。」

朋友問：「那個人，事業為重是否一個借口？他是一個識字不多的人，我們其實是兩個世界的人，將來相處下去又會怎麼樣？我多年來從未間斷過拍拖。但為一個人而有悸動，而無心正事，真正做了一些自覺的傻事，新年在他回鄉時，披星戴月自動趕到鄉下找他。那刻，才驚覺，愛上一個人，原是這樣的。」

創意工業倘能創就業，感情社工大概也要講創意，方能創造感情功業。比較有誠意的話，自然不好說甚麼放輕點，有耐性一點，振作一點，為此頹唐下去，你本人還有甚麼光彩可言？今時今日，這些都成戀愛鮮言中的套語了。

這個案，只能算是感情在沒有抵押品下的放貸，可能成為呆壞帳，煩惱屬 B+ 級，是單戀欲升格為相戀而前景未明類。

於是搞搞新意思，聽完了，劈頭就說：「恭喜恭喜，恭喜你終於有機會巴巴地走過八千里路日和月到了異地，想多見幾面而最終一人看著日月潭的水影，嘗到『為誰風露立中宵』的滋味；恭喜恭喜，那是故意輸出感情而不一定能換到的體會；你所謂的情人無間地一個接一個，到遇著一個首度不由自主牽掛到荒廢自己的人，證明所有前度都是人有我有的愛情道具，現在趕得及在不惑之年以前，感受激情的迷惑，直如老來得子，可喜可賀。還未得手，已想像憂慮兩個不同世界的人將來如何相處，假真愛之名，這也是甜酸著忐忑，多少人終身不遇此等微妙風景。所以，還是那句：恭喜恭喜。」

說甚麼事業為重是借口？懷疑到心花亂墜也不會知道真相，把對方提堂審訊，他自己也許亦一片迷惘。我續說，你自己也說為這感情困擾而無心正業，那誰敢說狂戀不會影響事業。

朋友意猶未足，問：「那我怎樣自救，振作起來，在等待對方表態前，抓回專心工作的能力。」我不是為創新而創新，只是衷心對他說：「振作不起來，就別勉強振作了。既有福氣是自由身工作，如今又無心作業，就不要作好了。勉強專心工作，也不會做出好成績。主動發奮做出一番工作亮麗的成就易，被動處於患得患失，感受愛情的魔力，得講機緣。那沉淪就沉淪吧，何必找甚麼人甚麼道理來扶自己一把。」

我心想，看你這患得患失，能患得多少日子，早晚會患上沉淪疲勞。這樣子，倒不如忠於自己當下的心亂如麻，為生計心緒不寧，是苦；為情心頭震撼跌宕，是五味紛陳，不可多得。曹操有詩曰：「對酒當歌，人生幾何」，對酒當歌需要閒情，閒情還是可以擠出來。為人立個中宵的處境，可不是營造得來的；人生難得幾回嘗，何苦調控壓抑這真心的內需？

我快樂所以你更快樂

凡人如是說
如果　於是　所以
如果我不快樂
於是你比我　所以
我的情緒變成罪惡
如果　如果
凡人如是跟凡人
種下因果
因為感覺是病毒也是
花粉
人之所以影響人
就像殘花之於繁花

蝴蝶是
憂鬱　興奮　苦悶　喜悅　絕望　癡迷
翅膀一舞
繁與殘互相傳染
繁盛與衰敗之間
也別問誰是蝴蝶誰是花

問題是
我不快樂是因為你
這隻會飛的
蜚蠊
於是你
不悅
是你的事

在小強橫飛的叢林裡
所有花瓣都是無辜的

你存在
所以我對快樂失去期待
不是我活該
就是你悲哀

早知道這樣就完好了

是那空洞的夜晚
腋下塞滿了手臂慘白的肉
夜色竟然也懂慈悲
把狼狽的我們照得
異常溫柔
之後就懷念
甚麼呢
人臉辨識勾不起一點點痛或歡愉
早知道
只要那晚的夜色就好了
不怎麼樣的人

談著沒怎麼樣的戀愛
坐熱了一張沉悶的沙發
如此這般追完了四季三十二集推理劇
大結局出來也該結局了
受害者按邏輯推演
早知道愛上追劇就好了

就讓
夜色替代情色好了
追人的人追劇好了
而
戀愛的人熱戀著戀愛
光影聲色是主角
人才是道具

換句話說

Ok/sure/sumimasen
如果只是這程度
還認為講外語的時候比較誠實嗎

字彙有限
會少了修飾
語意會變直接抑或
無從直指真相

說 I love U
並不等於我愛你
正如忽然秀一句韓文

也只是進入韓劇狀態的咒語
迴避現實或戲劇化現況的密碼

思往昔
呼呼啦啦像堤壩洩洪
嘆如今
斷斷續續如銅壺滴漏
這樣
老化的肉身
真的有比較
好嗎

自保自重自利——

電郵裡有一則溫馨提示：要好好保護自己，甚麼都比不上自己重要。

於是想到MJ，他濫藥，真的是沒有好好保護自己麼？可能，這正是他愛護自己的方法；保護自己肉身的感受，不讓渾身遍體的陣痛痛得過分猖狂，叫神經說服大腦，我不痛，還有點癢。他只是沒有暫時狠狠對待自己的身體，沒有停止藥物的呵護，沒有挨過或長或短的殘忍過程，最後換來對肉身長遠的仁慈。他有保護自己的血肉之軀的感受，只是忘了保管這副軀殼的以後。

甚麼都比不上自己重要，他自然同意。一個明星，不覺得自己重要，雙眼如何有自信的光芒？可能正是因為時刻記住自己很重要，重要到不容有失，不甘寂寞，重要到生活變成生命不能承受的重，壓力才以槓桿的比例放大。自己比甚麼都重要，那麼，身邊一草一木一人一物就顯得微不足道，一條條鴻毛白白在眼角飄過，沒能據為己有，成為養分，把自己變得更有重量。

要覺得自己重要這句套話，可以出自兩種心態，得出兩極的下場。

有一種重要感，純粹從自身出發，有多少重量，拿自家的磅來量，誰分薄了我，即消滅於萌芽階段。我為重，君為輕，自己就是自我國的王，可這樣一來，亦大有機會變成活活脫脫孤家寡人。

另一種，是讓自己站在別人的天秤中，滿足於那超重的分量；自覺很重要，所以也要成為別人生命中甚至全世界超重要的人。可惜的是，身越重則寸步越難行，最後不是在保護自己，而是為看重自己而傷害了自己。

說白了，誰都在好好保護自己，只差明保還是暗保而已。

那些為情所困，茶飯不思的人，難道都沒保護過自己，瞧不起自己？甚麼付出忍耐犧牲，一切以對方為先，說穿了，想深了，難道不是一為神功二為弟子，出於討喜自己的選擇？一切為對方著想的當兒，同時也在為自己著想，都是心甘情願，明委屈暗痛快。誰來好心攔路，那才叫掃興。

為對方好，為對方活——如果這就是不夠自重，未免言重了。如果對方好自己好，終究也是善待自己的決定，為人也沒有捨己，只不過把所有好東西全放進一個籃子裡罷了。

為對方而活才覺活起來，至少也是在保護讓自己樂活的國度。讓對方覺得甚或感激我偉大，偉大的勛章帶來天大的利息，偉大大有可能出於自私自愛，一點都沒有把自己變渺小。

那些為誰誰誰哭哭啼啼的誰誰誰，誰又是省油的燈？他們在保護自己發洩的權利，保護感情剩餘的價值，保護私有的回憶，免得牽手而來空手而回。

在自訂為生命中最重要的情人面前，很多人難免把頭垂得低一點，再低一點。可誰說這就不覺得自己重要？只有重視自己，才會垂頭感受那人帶來的震撼。那個人是否比自己還重要？不，不一定的，倘若不把自身看得太重要，對方帶來潮起潮落的感受，分量又重得到哪裡去？

彼時彼刻，那個重要的人，何曾讓自我變成次要？因果有可能給顛倒了吧？在那場風暴的中心，風眼從來就是那個太看得起自己的人，自覺獨一無二的苦難，真能哭崩長城，沒有人比我的悲哀更重要了，甚至是那曾讓眼淚逆流成河的秦始皇，也不比我這悲傷兵馬俑重要。

偶像劇中的過客一

看偶像愛情劇最大的快感，就是很容易讓你猜中誰最後跟誰得成正果，誰不過是誰愛情路上的過客。為甚麼是偶像劇？偶像劇當然以長得不賴的演員為正主兒，因此一看見有長得不怎樣的角色闖進了俊男美女的愛情線，其下場已可思過半，十猜九中。

最近就看到一個當紅的偶像，在劇中一直被另一個樣貌娟好的女生單戀著，可這男的一直在尋找他夢中的女神，因為那女的曾在他人生低谷中給予他光明的希望，那善良的臉，讓他念念不忘云云。後來女神真的給他找到了，一看那演員，久經這類偶像劇慣技訓練的我，心裡就琢磨著，這怎麼行？

男生與這女神有了一集左右長度的交往，兩情相悅，投緣得緊。要是男的最後拋棄女神，形象就不好，女的拋棄他，又得花多一兩集的篇幅，觀眾怕會不耐煩，所以，唯一把這個過客女神解決掉的方法，就是讓她死於非命，連患了絕症都嫌她費時失收視。果然一如所料，善良個性在照顧觀眾的前提下，是敵不過男才女貌——其實應該是男貌女貌的。

哪管俊男與美女最初好像完全搭不上邊，但權在監製與編劇手中，冤家或好友最後都不得不終成眷屬，不為甚麼，只為他們的一張臉蛋夠匹配，兩個人相愛在一起的問題都好解決。

不是說，這些像棒棒糖般的偶像劇，主要是讓觀眾看得賞心悅目，歡歡喜喜嗎？沒有讓現實中不方便承受的沉重帶進這夢劇場，也沒有太深沉的陰謀詭計牽涉其中，怎麼這些屢屢被猜中的劇情，想深一層，會讓人在夢幻中驚醒過來？個性與氣質在這些愛情劇中永遠輸給長相，不啻是一場沒有煙硝的戰爭，尋夢的觀眾難道就沒有看出當中的殘酷？

現實的愛情鬥獸場，與電視劇相距有多遠？是編劇在反映現實，還是為觀眾提供一個虛擬美化了的現實，讓普羅大眾喘口氣？想想看，倘若那相貌平平的女神最後一直跟帥哥愛到底，觀眾還會一直追看下去？因此看不下去的觀眾，又有沒有想清楚究竟甚麼才是夢幻？相貌一般的大多數人，怎麼就沒想過中庸之姿成過客，他朝君命也相同？

要變美才美好的結局

全球最肥的男人，與相愛四年的女友結婚，彷彿在金融世界失序中帶來愛情國度新秩序的好消息。才相識四個月就相愛，就找到一個肯陪他由拖拉機拖行的特製床上拍拖到教堂，羨煞多少苦戀四個四年仍以單身告終的苦主，承受每夜不知該向左睡靠右睡的悵惘。鼓舞了多少沒有一千二百三十磅體重、但受過外貌歧視的人，別人能，我也能。

這些從來只落得以奇聞方式報道，佔版面幾百字的新聞，比勵志電影效力更宏大。對，愛情片有時很像真實人生，如台灣詩人蔣勳所言：人與人之間，不是生離，就是死別，並沒有第三種結局。愛情片一樣，不是以虛構的生離死別，煽動真實的眼淚，就是描寫多番折騰以後有情人排除萬難終成眷屬。

那林林總總萬難的因緣，其中一個主題是外貌，不是肥就是醜。王晶有套以豬扒為名的笑片，找來很多美女做主角，包括大美人李嘉欣扮醜女。當然，在王晶導演筒下，早預了她們最終得到白馬王子歡心，必然難逃豬扒爭氣變回美女的結局，才有條件找到幸福。

那種勵志，沒有告訴我們，愛情或遲或早會光臨；而是講條件，夠條件，就夠資格在感情路上逆反勝。這是甚麼勵志，這是糖衣毒藥，美容院與瘦身院該付廣告費。歧視的成分，一如過去很多輕喜劇的角色，所有幫助搞笑的斷背男，最後分得一個有情人戲份，都是忽然以覺今是而昨非棄暗投明的姿態，才有好下場。

作為杜琪峯韋家輝迷，也不得不對《瘦身男女》最後多了條為美而美的尾巴覺得遺憾。鄭秀文要拚命減掉兩百磅，否則不敢再見舊男友，很符合殘酷的現實；但為愛而受苦之後，感人的是她選擇了在瘦身路上扶持她的肥仔劉德華，反而不再愛那外在條件優勝的鋼琴家。

可惜，電影容不下外觀不匹配的愛人，鄭秀文沒有嫌肥佬肥，鏡頭卻怕觀眾嫌整套電影劉華沒有回復帥哥的一面，最後相擁一幕，劉德華也已瘦身成功，銀幕上的浪漫是俊男美女的專利。但，假如，劉華依然以肥佬的身軀抱住瘦文親吻，是否更感人，更予人以愛可與外在條件無關的鼓勵？

愛的教育

坊間很多愛情專家，很多愛情專書，教人怎樣怎樣：追求的技術、相處的學問、分手的藝術、女人都渴望甚麼甚麼、男人又最忌甚麼甚麼。我總是好奇，這些愛情專家自己交出來的愛情業績，是否特別亮麗？

愛情亮不亮麗，定義又在哪裡？愛情高手，是能夠長期保持一段愛情恆溫，還是練就到想愛哪個就手到拿來，還是玩劈腿玩到不落痕跡，雨露均霑每個都愛，還是做到暗戀而不傷身，分手而不傷心，可以愛也可以不愛？

做到無痛分手，是否因為高手們都掌握了自己情緒的竅門，還是只因根本愛得不夠深，可有可無？可有可無，是心已入化境，還是對方只是個愛情路上的裝飾品？

愛情世界有太多不同層次，有時不落文字。如果真要用文字寫成天書的話，再多蓋幾座圖書館都不夠安置。不同年紀會有不同理解，不同經歷有不同體會，不同性格需要不同的答案；那些愛情教育專家，有否想過有教無類但下藥要對症的問題？

我只知道用法與術去把握愛情，會疲累到不能享受愛情。我只覺得，對象若能有所選擇，就不是純粹的愛情。我只體會過，愛人的時候，最強烈最令我訝異的，就是身不由己。既然是一場又一場無能為力的工程，沒有時間表與路線圖，看太多愛情天書，會讓我們以為可以生出一對有形之手，用技術去調控煙火的亮度與長度，最後換來不必要的失望。愛情跟愛有很大而微妙的分別，我寧願相信情場該以自由市場主義去運作，再加一點道德的約制。

先來個自問自答愛情是甚麼，才抱著好奇心看看那些愛的法術都在寫甚麼吧。所以，我只看過羅蘭巴特的《戀人絮語》，其他專家之言，都不忍細看。

為君之故，沉吟至今

二月十三日，如果不是看新聞報道，已忘記了二月其中一日叫做情人節。情人節與情人共渡，自然是賞心樂事。還記得去年情人節所寫，單身的人為沒有應節對象而鬧情緒，真的犯不著。

不過，「悠悠我心，豈無他人，為君之故，沉吟至今。」沒有現成過節的人，總有過氣的人，在此時此地的群眾壓力下，很容易壓出一道舊情人久違的氣息。那也很好哪，還有人值得懷念；那些過去了失去了的情緒，沉澱後隨手一撈，往事依然並不如煙，還有血有肉，覺得沒白白愛過一場，何止需要深情與至誠，還得有條件。

條件可多著：一是沒有其他遠慮造成壓力，才能騰出心情的空間；二是沒有俗務正事纏身，有時間的空隙，勾引出一番懷念。這不是奢侈，又是甚麼？有肯掛念的人，還有可掛念的條件，縱使勾到斷腸，又不會真的腸穿肚爛，始終是福分，也就該惜福。

最難耐的，應該是連懷念的情懷都沒有落腳處，連大叫我空虛我寂寞我痛，都沒有時間自我成全這份閒情。為了對別人負責任，忙著替他人的業務作嫁衣裳，忙到忘了往事能回味的樂趣，縱有讓舊情可悲亦可喜的心法，這悲喜大挪移的口訣，竟落得無用武之地。忙到傷身沒關係，連瀏覽一下過去的關係都沒有空，那一片空白感，會挑撥傷心，才真有關係。

心豈無他人，可是那些人如果是受旱中的農民、醉駕事件中的遺孤，是否距自身遠一點，就可解無人可念，無空可癡的無奈？這假大愛之名而減痛愛之苦，又是否比獨善其身更偽善？

不知為誰之故，偷空沉吟至今，還是吟不出一個答案來。

密室培育的考驗—

楊過常常對小龍女保證，他願意跟姑姑一輩子留在古墓裡，不會後悔。姑姑常常擔心過兒話是這樣說，但在空蕩的活死人墓裡待久了，早晚也會悶，悶自然嚮往外面的花花世界。

外面人擠人的，的確會擠出很多誘惑。即便不是立時劈腿，多認識了些豬朋狗友，多幾個人稱兄道弟，也會分了心，搶了二人獨對的時間。人妻對愛人的死黨，往往潛伏莫名的妒忌，既親著也防著。

僅僅怕外面的誘惑，問題還算簡單。姑姑可能自己過慣了簡樸慢活，以為二人密室培育的感情最安全，人多的地方最危險。金庸筆下的人物沒看過古龍的名言：最安全的地方也是最危險的所在。

在古墓外面有很多人分薄了情侶晚餐的次數，有很多事可能會為純粹的感情帶來污染。姑姑沒想過，沒有外來的破壞分子，二人長年獨對，沒有共同朋友，甚至沒有各自的朋友與生活，二人世界就是兩個人手牽手眼瞪眼，你的見聞就是我的見聞，不多不少，你知道的也就是我所知的全部。

一個旁人都沒有，這才是最大的考驗。

都是怕悶吧，在外面心會花，但同時也不那麼容易發現兩個人整天面對面，遺世獨對的悶。多幾個人多幾件新鮮事兒，原來也有平衡緩衝的作用；在玉女心經之外，過兒有了從外部疑似敵對勢力帶來的故事可講，為密室提供空調，還多虧了那些豬朋狗友。

內外都是考驗，哪一種更危險？姑姑應該不曉得，有人說過：一切改變都由內部開始。悶在一個醬缸裡，出了問題，境外的勢力才能干預你二人小天地的內政。

浪漫從何談起

那一晚，我對自己說，別給我猜中，可猜中這個又有甚麼難？

那一晚，為宣揚節約能源，全世界熄燈一小時。事後新聞報道訪問餐廳客人或在家中進餐的人，被訪者果然一如所料表示暗一點更有情調，更浪漫。我猜中的，等待的，就是他們的「浪漫」。估計不到的是，更有議員發照片給報館，證明自己支持環保之餘，也表示那頓飯氣氛很浪漫；但我看來看去，只覺那照片怎麼看來如此陰森。

無論是用環保小燈還是蠟燭，進食的環境一旦暗起來，就被稱之為浪漫。燭光晚餐也就成為一段浪漫史不可或缺的一個情節、一個佈景。原來只不過讓環境的亮度低一點，浪漫的氣氛就高一分，那好辦得緊。別說很多賣「情調」的餐館，燈光都調校到看不見餐牌上寫著些甚麼。要省錢省電買浪漫，在家裡每餐晚飯都可以點起兩杯蠟燭，暗得看不清同桌的五官變化出一個甚麼表情，也就可以輕言浪漫了。再推論下去，未發明電燈之前，天一入黑，就要靠油燈或蠟燭來照明，那麼古人要浪漫，也未免太輕易了。

我不想說甚麼「浪漫不在於心形牛排，而在於弄牛排的那份心」、「浪漫不因環境而在乎同處的人是誰」之類老話。只是感慨浪漫原來早僵化成一批複製的明信片，題材早約定俗成，大熱門包括二人共對的燭光、入夜後無人的沙灘、黎明前等日出、聽潮起潮落的聲音、耍花槍時用枕頭做武器弄到羽毛紛飛如滿天雪……

不敢說這些從電影及MV培殖出來的元素，給我們照單全收，變成二手貨的浪漫太俗，「浪漫」這個詞本身已因用得太濫而雅俗難分了。

甚麼是雅甚麼是俗，只有一切想法都跟大隊的人才覺得有區分的必要。一個有惠質蘭心的人，在一切俗物中都能看出風雅之處。本質「浪漫」的人，可以把一個垃圾場在腦海中詩化。

照說，假如身處花市人擠人的環境，夾雜在三教九流腔調紛亂的汗味與噪音中，作為困在罐頭中的一尾沙甸魚，與同伴走散了，能心平氣和從容不迫的又有幾人，大都氣急敗壞，「草泥馬」起來。那就搬來一個詞人辛棄疾做個對比。那首〈青玉案．元夕〉開頭「東風夜放花千樹，更吹落，星如雨」寫的就是元宵的場面，與現代的除夕花市，想必一樣人頭湧湧。在汗臭中尋人，人家卻寫下了「眾裡尋他千百度，驀然回首，那人卻在燈火闌珊處」的千古名句。而我們大抵只會在喧鬧中因焦躁而埋怨逛甚麼花市？趕甚麼熱鬧？

這不是浪漫的道具太濫的問題，也不是浪漫的場面要講天時地利與對象。而是在一個沒有詩意的城市，購物就只是購物，吃飯就只是吃飯，非要找一些日常生活少見的元素堆砌，打好燈弄好佈景才鋪排出浪漫。只是沒有詩意的心眼，即使活在張藝謀王家衛的定格中，也是有景而無境。倘若已失去分辨景與境的敏銳，浪漫又從何談起。

詞性

假如我說愛你
這個愛
只是形容詞
不包含任何行動

而你
也不是名詞
是一種無以名狀的甚麼甚麼
像一個副詞
我很你地醒過來
風很你地吹著

至於我
從來只是動詞
我愛著三個字並沒有主語
是永遠的現在進行式
我不能獨立存在
只能依附在愛這動作

正如理想
實現了才是名詞
不然只是過程

第 4 章

用生命寫下的生命
一直活著
一直公開
捐獻給世界

一個個時代

每一個人離開
都帶走他們佈景抖下的一點點泥沙
有些人走了
卻捲起撲面塵埃
與眾人過去再一次
重逢
其實　即使
誰離開誰還在
遺物早已放下

用生命寫下的生命
一直活著

一直公開捐獻給世界
不必等人走才茶熱
才想起有過這樣的日子

有些人就是時代
只因曾有情地留下過聲音
所以最終不得不無情地
割走一部分老舊舞台

相識也是緣份
分手也是緣份
人　一個個走
時代一日一日模糊
在微熱的呼吸中蒸發

那決不是一場懷舊所能
捆綁
綁架
勾留

最猛之地

垂落的窗簾塵封
穿透的微光冷凍
不適合居住只因
很久沒人住過而已
家具全部清空
壁癌蔓延成洞
生人自然勿近
給嚇倒的都是在自找
刺激

怎比得上
已故富商大宅

富麗得淒厲堂皇得愴惶
來不及逃跑的現場
滿屋已故浪漫
尚有一雙雙凝固的瞳孔瞪著
透過遺照
監視著現場

最可怕的房子
不一定看著荒廢
倒是冷清的一街接一街
圍繞著
一幢幢燈火通明
裡面
竟然還擁擠著

會動的

人

依稀傳來聽不懂的

人類語言

噩夢性循環

噩夢性循環
非得在半夜醒來
總是在四點半醒來
一睡不夠
眼簾就得垂著聽證
像喪屍般過剩下一天

身陷於一堆面目模糊的人
總是不可理喻
可怕在總有一位熟朋友
倒過來附和他們
既然離不開那荒謬的現場

不如一拍兩散
醒來

又是四點半
在夢裡都要講道理
難怪好夢都記不起
連夢裡都有理說不清
寧可猛然醒著
不惜生理時鐘被調整
只怕再次睡在
沒有人跟我講道理的世界
寧可獨坐
四點半床上
喪屍般

孤立於疲累的現實
總好過被孤立在
顛倒規則的夢裡

浮城

霓虹燈也有前世今生
換了圖案文字
不一樣的眼睛看過去都一樣
過去的留在水影裡
在鏡子還沒給砸爛之前
那越來越遠的自己

只看得見摩天高樓
如藤蔓爭相攀爬就是
好生活的
人
華燈的鐵粉

對從來與他們無關的亮光
在岸邊惋惜
千夜之間褪色
卻從未察覺
他們有份付出過的
都掉水裡
沉沒

剩下強硬的鋼筋
堅持插在山上地上心上
動彈不得
渡海泳的健兒
泅水時抬頭仰望
被淋熄的香火

忘了這地方
本來是要
住人的

霓虹燈也有前世今生
換了圖案文字
不一樣的眼睛看過去都一樣
過去的留在水影裡
在鏡子還沒給砸碎之前
都還未認識的自己

那一撇眉毛

態度不能改變一切
那一撇眉毛
朝砸過來的石頭揚起
卻決定了痛的意義

如果出事是遮羞布不小心掉落
忙著怪罪那塊布
則是全身在磁力共振下
被照個精光

不只是脫光褲子
真正暴露狂

是要人同意脫光有理
還強迫所有人讚賞
醜態很美

全世界都有惡人
只有庸人充斥的地方
才讓善人行惡

最可悲的不是製造悲劇
最可惡是要下架所有悲劇
要世界只剩鬧劇
讓觀眾笑出淚來

早一步

面子起見
不被分手就只有
先分了別人的手

只為了尊嚴
在世界離棄自己之前
先拋棄了自己

不為別的
只晚了一小時一日
一月一年一甲子
出生

眼前風景已經變了樣
總被唸叨著
一代不如一代甚至
一日不如一日
那些人終身成就就是
比別人早生一年月日

僅僅為了生而為人
在先發制人的時代
棄掉自己存在如垃圾像塵埃
不給別人傲視的機會
也訕笑世界
你們遲一步了
早知道要遺世而立
這就是我唯一的遠見

如果有一個人，在你面前大喊命苦，身為好友的你，該拿民間疾苦來說服他，他的命不算苦，還是順著他的情緒：「是啊，這樣也夠你好受的了」，然後同聲一哭？

如果大喊命苦之後，發現對方的苦，並沒有甚麼苦大仇深，夠不上找註冊社工、立法會議員出頭；原來「只」是身體上的小毛病，例如長年睡得不好、小腳痛、小頭痛、小這個痛小那個痛。這時候，很自然，為輸出正能量著想，誰都會提醒他，你還能吃還能喝，還可以躺在一張king size的床褥上，在攝氏二十一度恆溫下失眠，命也不算苦了。

之後，你想對方從此立地棄暗投明惜福感恩嗎？你想他從此把自身的小小苦楚變成激勵到老，從此變成不敢隨便抱怨的人，勵行恭謹，直到連怨一下求一覺好睡不可得都自覺內疚嗎？這未免太急於求成，下次輪到你為極度卑微但又極度惱人的事，想找個聽你抱怨的耳朵，你才驚覺，你需要的不是汲取智慧，而是排洩怨氣。

這時候，你才知道，世上最令人無語的，是你不能怨自己不幸，但暗裡按捺不住為自己打抱不平，覺得自己還是不幸的；又正因為那些不幸，比起很多人來說都屬奢侈的，連抱怨都不道德，於是越努力數已有的恩典僅存的幸運，便越不開心。

誰叫太多人以為做個超正念獲正能量加持的人，一旦頓悟了些其實人盡皆知的智慧，往後就是條不歸的直路？情緒就能平靜如一條直線，延伸往整天負著疼痛的肩膀熊貓的眼圈唱著頌歌？天下那麼多小苦小難的小嘍囉，要把他們一個個一下子逼成明教教主，簡直在強他己所難。

讓他們大大地抱怨一下又妨著誰去了，倘若抱怨後又有不道德不知足的內疚感，就坦白承認自己弱點比苦難還多吧，把弱點化為強項，把脆弱轉成堅強的動力……等等正念，還是先等一等好。世界雖沒怎麼負你，有時不負責任地耍一下性子，負氣一下，負到怨無可怨，自覺開始重複嘮叨時，負負可能得正。正正是以為可以一直正下去，一時辜負了正能量，就加倍覺得正得很苦，真是何苦。

正正竟然得負，看來荒謬，卻是因為我們還未接受可以脆弱得很荒謬、堅強得很荒謬、情緒反復得很荒謬。

無數唯一多少最

最近有本雜誌想做個特輯，邀請五十個人選出他們生活中一件最重要最愛或是不可或缺的東西，提供原因外還要拍照留念。我是被邀對象之一，但想了一下，便拒絕了。

向來不喜歡玩這些「唯一」的遊戲，例如：長留在荒島上的話，只准你帶一本書一套電影一套衣服一道菜，你會怎麼選擇？又或：一生只聽一首歌的話，會是哪首歌。莫說是物，連人都很難交出個唯一。

沒錯，人在被迫從眾裡說唯一時，好像就能測出所愛所需之最。但那是真相嗎？這類遊戲或特輯，恐怕只能滿足旁觀者的好奇心，對當事人來說，又有多少真正甘心的唯一？

一首歌可以聽一世，只表示終此一生仍會久不久聽一下，然後還可以在不同階段聽出不同的況味。要是事前明說，或假設成真，餘生若要聽歌，就別無選擇，聽同一首歌的話，我相信，還未開始聽，那歌就變得可厭可怕了。要是問題變成：如果只容你聽一首歌十次，同一首歌，忽然又會重新動聽起來，但覺聽一世也甘心。

生活中最重要的東西？我想，那雜誌心目中是想得出五十個人五十件有故事有哲理可延伸的別緻之物，像長掛頸上的一條項鏈，然後，在原因一項寫下那是某人送的，別具紀念意義，是生活動力的來源之類。

這是為唯一而唯一，為做故事而生事。選了前度的難忘的一份生日禮物為最重要，那現任的或前前度的呢。在選選唯一的時候，好端端要把原先不必排名的物與人，被迫分個高下，只有把一切搞混了而不是更清晰。

兩首歌，要分最愛，已是多餘，為甚麼不可以各有各好，各有各時期的需要；兩個人送的東西，如果都珍重，何必逼出最愛與唯一。一將功成萬骨枯？有時我們需要功成的用來充實生活，有時自灑骨灰用來念過去以逃離現在一陣子。

玩得多問得多我最喜愛這遊戲是有害無謂的。做觀眾看熱鬧的會以為萬事萬物真可以比較高低，因為習慣而需要分出勝負，反而分不出人事物之不可比處。當事人為最愛定案，讓「最」與「唯一」這個天秤常掛心中，不是為未敢肯定的「最」而迷惘，便因認定了「最」而執迷。

我們都有權在同一個選項中擁有很多很多的「最」，不被唯一困囿。已經有太多的數據，把生活的種種量化，內心有那麼多矛盾並存又互相補足的感情與喜好，誰忍心將之落入零和遊戲，你死我亡的規範中？

原來我沒資格約定

老子道：「輕諾必寡信。」

我自問就是一個輕諾的人。最初是下禮拜吃飯，但總不能確定是哪天吃飯，結果總是再往後挪。後來朋友不中計了，要求約定，是某天。我也說好，就那天見。可惜，我的時間表堪稱身不由己，有時寫得快些，有時寫得慢些，有時忽然有江湖救急的要趕，所以昨夜又再度失信。朋友早看出我的寡信，故一般對我約好的時間都半信半疑。當天都會來電，不是提醒，而是問，今天的約會是不是真的。看，這就是信用破產了。

是我誠意不足嗎？不，誰不想有一頓談笑風生的安樂茶飯，輕易許下的諾言，不過因為我很想與知己相聚到浮一大白。可是卻真的是不自量力，誤會自己的工作崗位有權設計一週後的飯局時間表，我總不能讓錄音室空著等我，而我卻在餐廳吃壽司。並沒有輕好友而重事業的意思，但權真的不在我；為了生存，就只能盡忠於養活我的唱片業，否則，哪來條件去吃壽司？

既然我已以失信馳名，為了挽回朋友對我的信心，表示對他們的牽掛，惟有不輕言約定，把苦衷坦白。可這樣的話，又只能每次都唯唯諾諾，你們不要問我，我肯定屆時有空可行的時候才約你們，這樣夠慎重了吧？但朋友會視我這種態度是敷衍，終會導致他們自己獨立成局，放下我不理，最後親疏有別。

怪只怪我對讓生活愉快的知己不夠承擔，選擇了生存得更好而不能挺直腰板向監製說不；提出我與朋友有個約會，我不能不斷讓他們失望，讓我的信用破產。

基於此，我是不宜參與任何選舉，在拉票的時候豪言壯語的。

最安全的地方才是最危險處

古龍名言：「最危險的地方，就是最安全的地方。」

助理曾用心良苦，跟我玩一個遊戲，把每天定量的安眠藥恩賜之後，將存貨每天收藏在不同的隱密處。有天他告了病假，我得不到配給，恐慌得如世界末日，打了很久電話，終於找著他；他居然說：「你現在是坐在電腦桌嗎？那回頭看一下吧。」果然，就有一排拆掉標籤的藥放在背後的書架上，還要夾在常看的一堆書脊中，只要能平心靜氣當觀光一樣搜索景點，一定看得見。這倒好哇，「尋他千百度，那人卻在燈火闌珊處」的浪漫，雖則終身不遇，這「回頭是岸」的經驗，終究是親身體會了。

最安全的地方，莫過於保險箱吧。不過，旅遊時把貴重的東西放在那永遠躲在櫃門內的保險箱，卻是最危險的行為。曾在杭州買了一對雞血石，回酒店把玩一番後，立在桌子上太搶眼了；與其說怕引人犯罪，倒不如說是對酒店的房務員投不信任票，於是鎖在保險箱裡面。存放的時候還跟朋友說，退房的時候要謹記拿出來，因為過去曾經在收拾行李的時候，忘了還有最重要的東西在保險箱裡，那是最兇險的地方。

錯誤總是簡單地重複，最後那雞血石還是遺漏在最安全，也因此最隱閉處。回港後遍尋行李不獲，才想起古龍的話，不過，是逆向的說法，一定還留在杭州的保險箱裡。追不追回來已無關痛癢，重複同一個錯誤才夠耐人尋味。

多少最有價值最高價錢的東西，老照片、舊情人的筆跡、首飾，都是因為太珍重，而放在自認為最安全的地方；安全不當眼到不止等閒人看不到，連自己都因為不在視線範圍內，拿出來欣賞回味的機會也大大減少。怕亂放會亂丟，於是收得好好的；最危險之處，就在於包圍自己的是失掉也不可惜的東西，最珍重的反而偶爾才探看一下，這筆數，不划算。放在當眼處，日夜讓眼球享受，可能最先給賊人入屋時取去；但放得太安全，讓那些好東西埋在暗處錦衣夜行，一年兩年才忽然想起來看一看，跟消失了又有何分別？

用腦到老—

為防老人家患上痴呆症，專家的建議，就是多打麻將，多打麻將，都幾乎像必殺技口頭禪了。

為甚麼是麻將？要保持腦筋靈活的話，打麻將這個遊戲，比玩撲克要兼顧更多、轉數要更快，於是也更傷神更操勞。本來，隨便玩玩，亂打一通，毫不在乎，也一樣享受到冒險的樂趣，不須太費勁，可這樣又對防止痴呆有甚麼用？

不用腦不講章法，也很難讓人玩出興頭，成為益智的習慣。而且，對於閒暇多著的老人家，真以打麻將度日的話，越打越精，開竅以後，也不容易做到無為而打。要達到防痴呆目的，自然要投入其中，於是，便得在高速中不斷的猜，不停的防，幾秒鐘一個決定，幾個手勢間多少進退；從別人的神情看穿了人家的牌路？從前還看不夠別人眼色臉色行事，還樂此不疲？這個，跟在職時營營汲汲有甚麼分別？

說來真讓人有點無處可逃的感覺。為未來著想，多少人付出了當下的閒情，在步步為營中絞盡了大半輩子的腦汁，渴望換來所謂的晚福；而晚福，不是悠悠閒閒，過著些無須算計的日子？有個說法，叫「老不讀三國」，就是說，老來到了耳順從心所欲之年，三國中各種鬥智鬥力的虛構故事，在真實人生中早該演練到疲不能興了。再看這些權術謀略之道，是活得不耐煩，還是一切還好，只缺煩惱？

所謂耳順，就是耳聞一切即辨是非真偽，亦深懂世事虛妄，無絕對是非真偽，難得用經驗代替心算。所謂隨心所欲，就是隨順隨自然而得大自在，隨心之所至放任自己帶來的快意，超過了得失心，還動甚麼腦？凡動腦，煩惱隨來。

為甚麼從上學識字始，腦海即如波濤起伏，一直動蕩不停到有條件讓腦筋休息，學會了難得糊塗，反而又要防假糊塗變真呆而要腦袋退而不休？

多少人的寄望就是提早退休，提早過隨心所欲的日子。都說竹戰如人生，在現實的賭桌上無論輸輸贏贏，代價都不菲。那麼多年還嫌博奕得不夠，還要換另一種心態，繼續玩這個模擬遊戲，彷彿別無選擇。是人一定在有勝負可言的事情上，才肯用腦，還是因慣性而只長一種腦筋？

為甚麼就不能在閒情中享受安逸的志趣。種花養魚，莫非因太少思少慮而不被專家推介？為甚麼心安理得地躺在軟榻上，追入口即溶，動心不動腦，只入不出的電視劇，遠離高深，就要受專家危言聳聽，安逸中也帶著陰影偷懶？

這是一個甚麼樣的玩笑？要怪也只有怪那腦袋是怎麼設計出來的呢？難道就不許人消停消停？

為甚麼就不能
在閒情中
享受安逸的志趣

防人之心的成本—

信念崩潰，最傷人感情的，莫過於結婚生子多年以後，才發現那個體貼溫柔的丈夫忽然表白，自小已是斷背山上的原住民；原來大家都在自欺和被騙下演了一台幸福的大龍鳳，後遺症是從此對男人甚至任何人都保持戒心。感情投資，風險不比權證小，到期日，可能最終落得一無所有。被朋友出賣，被生意夥伴利用，後果一樣是對交情道義的價值全盤撇帳。

那，還可以怎麼辦？最自在安樂的心境，理論上是如嬰兒般純真，純真到被騙也一無所知，甚至知道了也純情得認為那是湊巧遇人不淑，繼續以赤子之眼看世界。只要損失得起，無所求而無所懼；這種快絕種的成年人，恨不得來個無底深談，比訪問政客談大計更能造福社會。

可惜的是大部分人都受過各種傷害，遵守防人之心不可無的古訓，再沒有回頭路做回一個快樂的傻瓜。要自保，當然要防；但想活得安樂，防人的代價也不能不提防。試想像請一個鐘點清潔工，原意是節省自己幹活的時間；但如果小心翼翼到每天回家後都檢查一下有沒有東西不翼而飛，有沒有碗碟給弄崩，有沒有灰塵藏在地毯下，所虛耗的心力，直如浪費生命，倒不如自己清潔收拾，當運動好了。萬一真損失了一隻錶，價值再不菲，都大不過心中長年疑神疑鬼而損耗的心靈健康。

日防夜防，家賊難防，家傭如此，朋友與愛人更甚。防人是多麼累人的一件事，反正信任一個人等於信任銀行，風險難免，做好心理準備。謹記希望越大失望越大，然後以平常心去維持對人的信任，免去個人日夜扮演人性監管局的角色；縱遇上損失，也省掉平日建造防火牆的精神成本。

聽過一個每晚一躺到床上便能倒頭大睡的人，帶著瞧不起的口吻，說那些經常失眠的人，只是不夠累而已。彷彿失眠者都因為平日忙得不夠賊死，才有精力胡思亂想誇大焦慮，像林黛玉葬花一樣做作。這種傲慢及無知，背後多少也犯了另一種都市病：以忙為榮，對有本事不忙的人叫做不事生產。對失眠還沒有足夠經驗的人，切勿以為忙到累，累到盡頭就真能擁有八小時的深層睡眠。也別太對坊間的溫馨提示抱太大的期望，例如喝杯牛奶、浸個熱水浴放點浴鹽、數綿羊諸如此類古法，依足配方要做的都全做了，自然在做的過程中渴望安眠，在完事後專心等待入睡，問題就出在渴望與專心等待的狀態。常識告訴我，渴望與等待，是會讓肌肉繃緊的，我也沒聽過有人在緊張之下可鬆弛安眠的。

這鬆與緊的互動關係，要拿捏到恰到好處，上述的民間智慧，主力在於鼓勵自己放鬆身心，來個熱水澡壓力還不那麼大，要不斷在思想裡提醒著自己不思不想，可能比胡思亂想還要緊張。要假裝著不在等待入睡中等失去知覺，多專注一點會太清醒，少一點心就太野，對這分寸掌握的做手，拿去做文學談戀愛，必有所成。

失眠過來人都會知道，越用心想睡，就越難入睡；越擔心睡不著，就必然睡不著。這時刻，失眠外行人就會領導內行，建議你去找些事情隨便做做，帶著一雙熊貓眼的人，很難對這些看過豬肉沒看過豬跑的人解釋，是累到入骨了；但當在床上電視看不入眼，看書不夠精力，坐起來活動？脊椎會告訴你，倦到盡頭，坐比站更需要用力。跟睡寶寶明白這些，直如對牛彈琴。

被新年快樂

小時候過新年，最期待的，就是一年一度合法合情合理地添新衣；最暗自竊喜的，就是一家之主為大局著想，為符合國情習俗，一般都不會做出破壞和諧安定的事情，新年闔家團年嘛，維持喜氣洋洋的主旋律已成家法。小輩禮數不可缺，明大體識大理，要亮著嗓子大喊身壯力健，挑中聽的吉祥話以趨吉避凶。

後來到了所謂反叛期，漸漸愛往習俗裡挑骨頭，覺得喜氣何必鎖定在新年，弄得在新春佳節失去了心情不佳的自由。眼看著從電視到市容，都變成赤紅紅一片天地，連對紅色都心生厭倦。疲於奔命地拜年，祝福祝到有點像在歌頌親戚大運崛起，以致有個時期認為一個人過年是很型的表現。

現在理解到一個家庭倘若平日有夠喜氣，團年的喜悅也由心自發，不會有大節當頭話吉祥的勉強感，也不會在春節傳統的建制下嚮往做個特立獨行的異想分子。

今夕是何年，多了一份讓很多人都消受不起的過年大禮，忽然明白有人不能與家人團年，你也得笑著過年。過節很多必然動作，你不做，家長就不高興，你便頓成不孝子；而孝與不孝，就看你會不會說討喜的話，膽敢在新年對長輩指出他身體有毛病，要服藥，並不等於你是為他好，反以大逆不道論罪。

恭喜發財雖則假大空，說的聽的都不太相信，卻又年復一年大合唱下去，從此更深感過節的被動性。所有佳節異想分子，都是被恭喜被團圓被喜慶被發財被身壯力健被新年快樂被心想事成，哪管你心敢想口難言。

末日片的功德

拿世界末日這麼容易傷害全球民族感情的內容拍成電影，票房一般是不會虧待片主的。少數不太賣座的同類作品，都只是小本製作，災難場面不夠災難，失敗；自由神像倒下來倒得太假，失敗中的失敗。

有影評人對最新一部末日片「沒有主題，沒有哲學視覺，沒有宗教對於災難的看法」感到不滿，正好體現了末日片迷與影評人之間要求的落差。

世界末日那麼可怕，為甚麼能吸引眼球？難道真有那麼多人勇於掏錢出來，在面對文明毀滅時反省生存的終極意義，讓哲學與宗教在電影院中進行到底？不，一旦假末日片之名而講天國近了你們應該悔改的道理，講道理又講得很著跡，而災難畫面又不似真跡，觀眾自會用錢表態：這不是我們想要的浩劫。

觀眾想要的劫，是特技虛擬出來的劫。浩劫最好越全球化越好，巴不得各國的地標都分配到一個給徹底破壞的畫面，付出小小成本，就可以享受到做恐怖分子的快感，滿足潛藏的破壞慾，跟打機把一切都給砸爛了覺得很爽的心態沒有甚麼分別。現實生活裡憋了一肚子氣，有權力的人會把氣過檔給無力還擊的人，更多人會像電視劇所見一樣，就砸杯子，煙灰缸；災難片正好讓每個人的怨氣轉移了發洩的對象。

末日片來了，是要叫觀影的人得到暴力抒發，並且發得更豐盛。碗碗碟碟太瑣碎小兒科了，又勞力又破費，不如坐看金字塔長城巴黎鐵塔一一灰飛煙滅，實無傷大雅的人間快事。反正又沒有人當真的，多備幾套災難片在家，要發脾氣的時候看一下，說不定個人的末日會延遲降臨。

怎麼忽然就成了這樣

有朋友「忽然」患上驚恐症，連至親好友都不願接觸，坐公共交通工具求診途中，也忍受不住「身陷」陌生人叢，中途要下車搭計程車。這大概是社交恐懼症與輕度自閉洗牌後綜合出來的一種驚恐症吧。

每有人問起這位忽然像人間蒸發的朋友出了甚麼事，我就如上所言相告，每個人的反應都是「怎麼忽然就成了這樣，他不像那樣的人啊。」一個「忽然」，一個「不像那樣」，悲哉斯言，妙哉斯言。

可悲在，大部分人經過這些年的情緒病需知的教育，仍然為一個平常表現談笑自若的人患上驚恐症而驚訝，還是不明白這「忽然」一病，很多案例都與個人性格及外緣的遭遇毫無關係，腦分泌一個失常，身心也就隨時失常給你看。自然，也有些情況由性格遭遇引發，腦分泌出現問題是果，因果有時也實在非醫生之言可以得出個科學化解釋。

妙趣橫生在，說「他不像那樣的人」的人。這不是奇妙、風趣又是甚麼？誰又真有一雙洞若觀火的法眼，真正認識一個人的內心世界？特別是我這個「人間蒸發」的朋友，與其他垂詢他病情的朋友，見面次數不可謂不多，只是交往的場合，都離不開飯局、賭局，都是人多圖個熱鬧喜慶的場面；不是在鬥地主上交流合縱連橫之道，就是在圍看足球賽時指點球壇江山。敢問那些說「他不像那樣的人」的朋友，你們真認為從這些聚會，這些熱鬧滾滾的氣氛，就能知道他是個怎樣的人？恕我殘忍，這些吃喝玩樂的局，說穿了其實與交情何干，只是混熟了的人在互相依賴中取樂，與交際只幾步之遙，大家都說過甚麼知心話，解剖過多少煩惱事兒？

若然總是趨熱鬧之吉慶而避孤獨之兇險，自己是個甚麼樣的人，恐怕也是不大了了，更別說了解別人是甚麼人了。

是該慚愧的，與很多朋友數不清的聚會，樂是行了，可留下的美談是某某胡出了一把清一色對對兼大四喜的奇牌，而座中各人心內的一片天，長年一無所知，只知誰誰屬甚麼星座，性格如何如何，這就叫熟人，也不過是混得較熟罷了，要生份起來，比開門關門更快捷便利。

憑甚麼去置疑身邊疑似好友忽然得了憂鬱症？就憑那些杯盤狼藉流動不停的盛宴？

沉默不一定是金

「其實我……我……我」式的對白，常常在粵語長片中出現，常常在竅要關頭舌頭打結，常常在枉屈要平反時玩含蓄；然後被另一些突發事情轉移了話題，被情人誤會下去，到水落石出之日已是百年身，白白浪費了一大段良辰美景。於是，才有戲，卻看得人有氣。

遺憾的是粵語長片長而不殘。現在有關大眾知情的大事，雖然獨立調查成風，發表檢討報告如家常便飯。至於牽涉到兩個人關係的謎題，卻依然過分迷信沉默是金。雙方有默契，夠酷；但當不投訴，不解釋，不辯白，不認錯成為習慣，結局可能因耍酷而變得殘酷。

我試過忘了回覆一個多年老友的電話，以為對方會諒解一時疏忽，以為要道歉顯得太生份，太煞有介事反而禮多情寡。最後，要從第三者告訴我，那老友已把我從朋友名單剔除，即是絕交。我試過對摯友說過重話，回頭有擔心過會不會有損他的自尊心，以為交心且出於好意，我們的默契足夠做到盡在不言中。到發覺後來在大夥兒中他對我臉色傾向偏黑，眼神選擇迴避，才知道他真的受到傷害。即使行兇的我出於善意，還是要把心結解開來，以刮骨療傷的方法，爭辯後和好又怕不如初，當然還得加上我誠懇的道歉。原來，摯交之間要熱度如細水長流，沿途也得如履薄冰。

炎涼有聲，寂寞無邊

米高積遜死前十多小時，與朋友聊天，說著說著就談到了他身上，且把他的好友麥當娜也扯進來，胡扯一番。從成就、性格、行事，吹皺了一池關卿底事的春水，「傳奇」兩個字，也不知道說了多少遍。我忽然來了個總結，說米高比麥當娜寂寞。

King of the pop這桂冠由誰加在他頭上，或是從沒有正式加冕過，也是屬於他的，跑不掉了。但他確曾在口頭上為自己加冕過，這就很不一樣了，這自我的期許，必然在最沒有保證的演藝路上，帶來更多困擾。在不可能一直平坦到底的演藝生涯，曾自我稱王，對谷底氣壓的適應力一定更低。

歌迷的擁戴、朋友的支持，還有包圍在身邊的專業造王者，都只能提供熱鬧，王者始終就是寡人，「孤家寡人」叫得那麼順口，不是沒有道理的。

寂寞在，王者面對眾口一辭的人言，總是百辭莫辯。他的皮膚越來越白，無論真相為何，無論他怎樣公開辯白：那是身體出了狀況，而不是他厭棄自己的膚色。可在公眾眼中這都只是為自己說項，人們只願意相信他們想相信的話，而且喜愛為傳奇王集體添加傳奇的人造色素。誰管他為膚色破障寫過的〈Black or White〉，是真心還是為形象所需而寫？這不是他閨中老友能排遣到的寂寞。

報載：老友問他：「你寂寞嗎？」他隔了十秒，回答說：「我非常寂寞。」

寧可他即時肯定回答：「我寂寞。」那十秒，對米高來說，可能有半生那麼長。那是一場交戰，最後才在寂寞面前低頭。

能夠交上一個在他面前肯坦白承認自己寂寞的朋友，是否就談不上寂寞？朋友即使把你擁抱到窒息，也不能潛入體內，把自製的包袱給清理掉。硬要進去，只能越擁越擠，越擠越對比出炎涼有聲，寂寞無邊。

可憐母親到發達兒子家，想拿點錢過年，結果給媳婦氣到要自殺，幸而不遂。人生自古誰無死，急不及待主動出擊的理由，有輕於鴻毛，也有重於泰山之別吧。

為了不肖子有個不孝妻，發財後不給家用，供書教學後老來從子的寄望崩潰，該不是一朝一夕的事了；但絕望的爆破點，是為一筆過年應節費用，那理由就未免比雞毛更輕，犯不著。

生意人有帳要結，那是為過年關，不是為過年。過年本應是快樂喜慶的，要喜氣洋洋，有沒有必要像辦喜事般需要成本？錢都花在恪守傳統上，不值得，也不環保。年花、全盒、揮春都只是喜氣的道具，現在是甚麼年代，團年飯餐單一如平日家常菜，難道就生出家貧百事哀，過年連隻雞都沒有，就會杜甫上身，感嘆「艱難苦恨繁霜鬢，潦倒新停濁酒杯」？

一家人團聚，除了慣常的噓寒問暖，以新年之名不怕肉麻地講一下個人新年展望，倘能溝通得有深度，交流得夠到肉，也絕非靠大魚大肉成事。團年飯的話題，如果只能圍繞在魚有否蒸老，雞是否冰鮮，過年吃甚麼才有點價值。

拜年送禮包紅包，本來是意思意思，不過，若想那是炫耀的時機或怕丟臉的難關，都是面子問題，才讓傳統變成難關。喜氣要分享，但如果親友因你的利是出手低而看不起你，這些人不配跟他們講分享；反正，他們變臉總在打開紅包之後，眼不見便乾淨，何必在乎這種人怎樣看自己而影響自己的年度財政預算案？

今年說恭喜發財比較虛無，說新年快樂卻比往時更有意義。如果我們能不大灑金錢於新春道具，依然能過一個快樂的年，新春照常喜氣，這個年關證明了甚麼？牛年不必不切實際恭祝牛市快來，在熊市中過這個牛年，也是百年一遇的反思良機。

何世何時何溫

甚麼叫乍暖還寒？那天我裹著羽絨，眼看著身旁短袖T的，同處一部升降機內，微微慚愧過後，才為自己平反：同一個溫度，也是可冷可熱的。我有那麼怕冷嗎？其實是出門時聽了天文台的話，幾度，就要穿多厚才有安全感。見有人穿得這樣少，便又覺得還不算太寒，忽然身體暖起來。乍暖還寒的不一定是天氣溫度，也可以是對冷暖的過敏反應。

在香港所謂的寒冷季節外出，很多時都是先看天氣報告，再看新聞台鏡頭下路人都穿甚麼才決定自己要穿多少。我們身體最直接的感應，反而不及外界的資料可信，好像都忘記了冷暖感受其實是很個人的事。

每次在冬天上京，都有這種顛倒冷暖的感受，像當了溫度計的羔羊。打從步出機場開始，看見別人的衣著，便會後悔禦寒措施做得過了頭；可沒有人欺騙過我，有些人怕冷，有些人都習慣了，誰叫我只相信別人的建議？

不再對北京之冬過敏，全因有一回白白憋住了一泡尿不撒換來的教訓。時為午夜，在北京近郊的一間書店內訪問，忽然想小便，但上廁所要走很遠的路。本來已打開門走了一陣子，一身防禦盔甲，也不覺得很冷，只是看見草叢都結成一條條冰棒，便問了工作人員一句：今天晚上是幾度，一聽到是零下十幾，心便慌了，因為沒有冷倒的條件，便半路折返。工作完畢，車子停不到門口，照樣得走不短的路程才到停車處，因為沒有選擇，走起來也就沒有冒險的感覺，不覺得冒險，也就不覺得零下十幾與零度有差了。先前忍受了個多小時的不自在，真是冤枉。冷不冷，不相信自己的直接的觸覺，即直覺，卻為冰天雪地的畫面和一個有幾度而不是有幾冷的資訊所影響，活該。

溫度計決定了冷暖感受，與時計影響該作甚麼也是同一無以名之的效應吧。多少次睡到半夜醒來，感覺已睡得夠飽滿，頭腦也分明很清醒，可是一看那該死的時鐘，發現是不晚不早凌晨四點多，便惶恐不安起來，就這樣起床，熬到下午怎麼辦？於是臣服於甚麼時候作甚麼的習慣，越告訴自己要繼續睡，越睡不著。這也是白煎熬。設若從沒有時間，只有生理時鐘，當生活偶爾顛倒了晨昏，腦部提醒是時候睡覺的褪黑色素都失效，還不是一樣安安樂樂地爬起床，做想做的事？四點便四點，不知道便沒有生活習慣不健康的概念。正如有時候熬夜工作，投入到忘了鐘的時間還好，一發現原來已近日出，就有了做得真是辛苦哪，真是難熬哪的自憐感。

這跟廉價做作的傷春悲秋有何分別？

活在深山其中一個好處，可能是不知何世何時何溫，一切憑自己身體感受該怎麼樣就好。只是，安全感建立在溫度與時間的規範，怕是積重難返了。

溫度計決定了冷暖感受
與時計影響毀作甚麼
也是同一無以名之的效應吧

現在有誰還寫日記呢？

本來，那些寫在網誌上的個人種種，電影觀後感啦，飯後感啦，甚至私密到事後感啦，雖不一定是日記，也好算是隨興記，而且是多媒體的。只是，從前的日記，倘若不是名人，怕死後給人拿出來考據或拍賣，一般只需要交代的人，就剩下了自己，要面對面的，也是自己。在網上公開或限制級公開的，打死我也不相信能肆無忌憚地寫寫寫，即使不是公眾人物，有機會給旁人看到，預了給別人鑒賞的心，再真也真不過中國製造，不是經過嚴選的，就是山寨版的心事。

親手上載附有拍後感的自拍親密照，也不過是對別人選擇性開放，不見得就是完全對自己忠誠。那些過濾了的私隱，一是出自炫耀，公告天下集了一枚還不錯的郵票；一是按不住修成一時的正果的喜悅，渴望越多人知便自覺越幸福，都是出於我上載故我在的心態吧。假如只存在自家電腦上的合照，記下來的感受，有可能多了或是少了，多多少少比較接近真實的自己。

寫日記最原始的動機，不外乎是發洩反省記錄。當觀眾只得自己的時候，才犯不著動用演技，不需要文筆。發洩得勁起，上文不接下理，留下重複的斷句，只有自己才明白那是怎麼樣的一種情緒，不需向別人交代。反省或是回味，也無須顧及形象。不然，還有甚麼方法記下赤條條的生活路線圖？

寫這種日記，等於每日供款，成立一個回憶基金，將來回報只升不跌。如果活著的其中一個方向是搜集然後累積回憶，別說寫日記是為防老來若患痴呆症時有個生活憑證那麼嚴重，即便記性超好，今天的事若不曾仔細記之感之，將來光憑大腦記憶，就錯過了一個視過去為人間遊戲的遊戲了。

沒有最誠實的文字記錄，儘管有最真實的回憶道具，回憶還是會添色或是褪色，誇張擴大或是淡化縮小的。好玩處就在這裡，不用三年又三年，人生有幾個十年也沒關係，只爭一個春秋，就把一些人一些事，在一年後隨便回想一下，想到天花亂墜時，才看看當時的日記是怎麼說的。可能那說法讓人覺得當時在幹嘛，有那麼嚴重嘛？也可能會大呼如果時光可以倒流的話……

不管怎麼樣，每個人只有靠這樣絕對忠誠的日記本，才能找到邊活邊寫的腳本，每個人才活得像個主角；重看可能已惘然的當時，管它是甚麼戲，經過回憶原來會走樣的遊戲訓練，天大事，大可視如人間一場遊戲。

動作大片

隨波　逐流　長大　飄洋　過海　老大　回流　歸宗　接代
別誤會　這只是
鮭魚的旅途

飢餓　追逐　虛耗　果腹　飢餓　追逐　虛耗　覓食
別混淆　這不是獵豹　是人之
生

遇強敵　遭恫嚇　不妥協　反威權　一振臂　遭殲滅　保尊嚴
對　沒弄錯　這是螳螂拳之所以存在
也是大人借來教誨小人物是命
不認不認還需認

如果還想活命的話

旁觀局面　瞄準目標　發動攻勢
彼進我退　敵不動我動
以多圍少　以弱制強
腐肉不得不留別人嘴
貪來亦得費工夫
就像
獅子擔當元兇
鬣狗負責收屍
在猛獸牙縫間分食
在人間
這又是甚麼樣的現象

有用的廢物

無用之大用之有用的廢物

廢物當然要利用
就像腐化的會發酵
凡有機的都滋養一朵朵花
一個個人
忠誠地成全另一個個人
哪怕是廢最好是廢
用起來更方便
以保護地球之名

春蠶也有粉絲

夏蟲也有冰心
沒人信的噪音也是一種信念
謊言只要聽眾不必信眾
虛構的真理就成了真理
沒用的人越渴求被的利用價值

是以
無知的熱血為有心人而死
愚蠢的廢柴
為狡猾的渣滓而生

住哪裡不是住呢

不斷開箱那些納米樓
又有甚麼意思
不如等真人也搬進去
才在鏡頭前盤算家具該如何辦

有些人常常懶得走動
所以房子不用太大
而預言家終於也神準了一次
遙控器從此失去功能
一切盡在掌控中
從此明白
甚麼都難逃你的五指山

只因為你也活在零空間

被動式謝絕探訪
主動走進一人之境
有資格需要的東西越來越少
想要的物件代價越來越大
極簡主義者在納米樓面前
也自覺虛偽

究竟有幾納米呢
還能夠納了這麼多年
所謂衣食都搭在住上面
開發設計營造給別人住的人
改變了房間的定義

少數人的貪慾嚴格了多數人的物慾
也罷
地球幾十萬日之旅
住哪間賓館怎麼樣的套房
不是住呢

enlighten &fish 亮光

書　　名：願我可……
作　　者：林夕

出 版 社：亮光文化有限公司
Enlighten & Fish Ltd
社　　長：林慶儀
編　　輯：亮光文化編輯部
設　　計：亮光文化設計部
地　　址：新界火炭坳背灣街 61-63 號
盈力工業中心 5 樓 10 室
電　　話：（852）3621 0077
傳　　真：（852）3621 0277
電　　郵：info@enlightenfish.com.hk
網　　店：www.signer.com.hk
面　　書：www.facebook.com/enlightenfish

二零二五年七月初版

I S B N　978-988-8884-69-8
定　　價：港幣 $168
新台幣 $480

法律顧問：鄭德燕律師